se ninguém FALA, ninguém FICA sabendo

DR. FERNANDO
GOMES PINTO

AMANDA CAPUANO
GOMES PINTO

se ninguém fala, ninguém fica sabendo

UMA CONVERSA ENTRE UM PAI NEUROCIENTISTA E
SUA FILHA ADOLESCENTE SOBRE AUTOESTIMA,
EXPECTATIVAS, LIMITES, ESCOLHAS, SAÚDE MENTAL...

PAIDÓS

Copyright © Fernando Gomes Pinto e Amanda Capuano Gomes Pinto, 2022
Copyright © Editora Planeta do Brasil, 2022
Todos os direitos reservados.

PREPARAÇÃO: Mariana Rimoli
REVISÃO: Valquíria Matiolli e Caroline Silva
PROJETO GRÁFICO E DIAGRAMAÇÃO: Nine Editorial
CAPA: Gabriela Pires
e Guilherme Vieira/Estúdio Daó

DADOS INTERNACIONAIS DE CATALOGAÇÃO NA PUBLICAÇÃO (CIP)
ANGÉLICA ILACQUA CRB-8/7057

Pinto, Fernando Gomes
 Se ninguém fala, ninguém fica sabendo: uma conversa entre um pai neurocientista e sua filha sobre autoestima, expectativas, limites, escolhas, saúde mental... / Fernando Gomes Pinto, Amanda Capuano Gomes Pinto. - São Paulo: Planeta do Brasil, 2022.
 160 p.

ISBN 978-85-422-1964-7

1. Parentalidade 2. Pai e filha I. Título

22-5573   CDD 306.874

Índice para catálogo sistemático:
1. Parentalidade

Ao escolher este livro, você está apoiando o manejo responsável das florestas do mundo

Acreditamos nos livros

Este livro foi composto em Quatro e impresso pela Geográfica para a Editora Planeta do Brasil em outubro de 2022.

2022
Todos os direitos desta edição reservados à
EDITORA PLANETA DO BRASIL LTDA.
Rua Bela Cintra, 986, 4º andar – Consolação
São Paulo – SP – CEP 01415-002
www.planetadelivros.com.br
faleconosco@editoraplaneta.com.br

Sumário

Existe amizade entre pai e filha?............................ 7
meu pai é meu (melhor) amigo...............................**11**

Capítulo 1
Virei pai, e agora?.. 16
oi, pai, tô aqui!..**33**

Capítulo 2
Minha filha cresceu, e agora?................................ 38
não sou mais criança, pai!...................................**63**

Capítulo 3
O que está por trás da realização
de um sonho?.. 70
a festa de quinze anos, meu sonho...............**80**

Capítulo 4
A internet é um mundo maravilhoso,
mas com limites... 86
**quem sou eu nas redes sociais?
a amanda empreendedora**.....................................**104**

Capítulo 5
    A liberdade é uma via de mão dupla 110
  Meu pai já viveu o que estou vivendo hoje **118**

Capítulo 6
    Você acredita em quê? 126
  As conexões com algo maior **130**

Capítulo 7
    Cresci, e agora? O que eu vou ser? **134**
    Como orientar minha filha na escolha da profissão? 142

Capítulo 8
    Como lidar com a saudade? 148
  A distância que nos aproxima **150**

Capítulo 9
    Educar é um ato de amor 154
  Eu amo o meu pai **158**

Existe amizade entre pai e filha?

Nada mais difícil do que uma pergunta como essa para começar este livro. O bom é que nunca fujo de perguntas difíceis e, melhor ainda, a Amanda – minha filha – também não. Então, por que não responder com uma provocação?

O que você, que está lendo este livro, acha?

Vamos lá, seja sincero, feche os olhos, coloque-se no lugar de pai, pense na sua filha (se você tiver uma, é claro), ou lembre-se da sua irmã ou de uma amiga, recorde-se da sua mãe. Seja sincero com você mesmo, olhe para a sua história com carinho e, sobretudo, pense no seu pai. Então, respire fundo e responda:

É possível que um pai seja amigo da filha?

Estou falando de amizade mesmo, o que é completamente diferente da relação pai e filha. A meu ver, embora essas duas relações possam coexistir, e esse seja para mim o modelo ideal de paternidade, sei que não é bem assim – ou não foi sempre assim – que acontece com todos os pais de meninas, garotas, mulheres deste planeta.

Há quem culpe o passado e a sociedade extremamente paternalista que determinou que o homem deve se comportar exclusivamente como provedor e protetor da família. Assim, dentro desse esquema, não sobra espaço para que um pai estabeleça uma relação de amizade com a filha. Pode até ser, mas também é verdade que já evoluímos e, embora ainda haja muitos resquícios de tal pensamento na sociedade atual, há também um movimento contrário a isso, que defende que as funções sociais do homem e da mulher sejam divididas segundo uma ideia de igualdade, embora, a meu ver, ainda não tenha promovido tanta igualdade assim.

Por não haver tanta igualdade e por boa parte das responsabilidades da casa e da educação dos filhos em geral ainda ficar – sejamos justos – com a mulher é que a relação dos pais com os filhos, e sobretudo com as filhas, não evolui para além da relação pai-filha.

É a partir dessa dificuldade, dessa barreira, que decidi, com a minha filha Amanda, escrever este livro. Para mostrar, de uma vez por todas, que ser amigo da minha filha não significa abrir mão do meu papel de pai ou cair no risco de ser menos respeitado por isso. Ser amigo da minha filha e tê-la como amiga ultrapassa as barreiras de uma paternidade baseada em respeito, acertos e erros. E, com toda a certeza, ambas as relações coexistem e não excluem uma à outra.

Para mostrar que a amizade acontece, este será um livro feito a quatro mãos, na maior parceria entre pai e filha. Afinal de contas, não faria sentido falar da Amanda se ela não pudesse falar por si mesma, ainda mais quando o assunto do livro é a nossa amizade.

Se você é pai e ainda não conseguiu mudar a chavinha do que é ser amigo e do que é ser pai, prepare-se para conhecer a minha experiência. E se você é filha e acha que seu pai nunca vai poder ser seu amigo, espere até se surpreender com as histórias que a Amanda tem da nossa amizade para deixar essa ideia – ultrapassada – de lado e aceitar a amizade do seu pai.

Dr. Fernando

meu pai é meu (melhor) amigo

Eu não me lembro de nenhum dia da minha vida em que não tenha visto o meu pai como meu amigo. E não estou exagerando: ele sempre foi meu amigo e também meu pai. Quando digo amigo, quero dizer amigo mesmo. Daqueles para quem a gente conta segredo, com quem desabafa, fala coisas aleatórias, faz besteira, ri até a barriga doer, chora de emoção, a quem tem vontade de esganar quando a saudade aperta, ou quando faz qualquer besteira que a gente já tinha falado pra não fazer.

Isso não quer dizer que a nossa relação seja perfeita, que a gente não se estranhe de vez em quando, que ele não me contrarie quando quero alguma coisa e ele não autoriza, ou que a gente não brigue. Não, não é isso. E ainda bem. Somos seres humanos.

Ele é meu amigo, mas também é meu pai. Ele também me magoa, mas sabe me pedir desculpas e reconhece quando erra. Ele me ouve e me acolhe quando preciso de um papo sério. Ter construído essa relação de amizade com o meu pai, que me colocou no posto de amiga sem me fazer esquecer que ele é meu pai, é uma das melhores sensações da vida.

Eu acho que não sei imaginar o meu pai de outra forma, na verdade, e tenho dificuldade em entender quando minhas amigas dizem que não compreendem essa relação que eu tenho com ele. Foi aí que a gente viu como é bastante comum haver pais que não são amigos das filhas. Talvez eu nem consiga explicar como a nossa amizade aconteceu e, com isso, mostrar um caminho a ser percorrido pelas minhas amigas até que elas vejam os pais delas como amigos. Foi sempre assim e ponto.

Por isso, o que vou fazer neste livro é mostrar que a amizade só fortalece a nossa relação e não altera os nossos papéis de pai e filha. Mas, no fundo, as amizades são assim, não é mesmo? As pessoas têm suas próprias vidas e isso não as impede de serem amigas de outras que tenham vidas completamente diferentes das delas. Ao contrário: muitas vezes as amizades mais inusitadas são as mais fortes e verdadeiras.

Não há, por exemplo, um manual ou um tutorial que nos mostre quais pessoas podem ser nossas amigas e quais não podem. Ainda bem. Não há uma regra que coloque as pessoas tímidas na caixinha de amizade das pessoas tímidas e as extrovertidas na caixinha das pessoas extrovertidas, os nerds na caixinha dos nerds e os que não gostam de estudar na caixinha dos que também odeiam estudar. As pessoas simplesmente se encontram e se tornam amigas. E pronto.

A única coisa imposta na relação entre pai e filha é que esse encontro, querendo ou não, só acontece se o pai decidir ser presente e seguir na vida da criança que ainda não tem domínio das próprias decisões. Portanto, o pai começa essa história com um passo à frente: ele escolhe ser presente na vida da filha. Já esta vai, à medida que o tempo passa, percebendo como o pai se comporta com ela e, só então, se houver possibilidade e abertura dos dois lados, a amizade acontece.

O primeiro passo, por assim dizer, é do pai, que no mínimo tem de ser presente – e aqui, não importa a relação que ele tem com a mãe: só haverá chance de a filha se aproximar do pai se ele, de fato, se fizer presente na vida dela.

Vamos ver como isso funciona?

Amanda

capítulo 1

CAPÍTULO 1

"Ser pai de menina é, num primeiro momento, assustador. Pode dizer o que quiser, vir me falar que esse discurso está ultrapassado e que essa ideia é um machismo enraizado; estou aqui para mostrar o contrário. Eu realmente me considero um homem em constante aprendizado e pronto para colaborar na desconstrução dos discursos machistas, e isso não me impediu de me sentir assustado com a notícia de que seria pai de uma menina."

Virei pai, e agora?

Nenhum homem sabe o que é ser pai até, de fato, se tornar pai. E minha intenção aqui não é romantizar ou fazer um mea-culpa numa espécie de discurso romântico, dizendo que acompanhar, apoiar, estar presente e viver a gestação ao lado da mulher é ser um pouco pai. Não é.

Por mais companheiro e descontraído que o homem seja, e por mais que ele já tenha percebido que precisa estar presente e viver a paternidade, a ficha só cai na hora em que a criança nasce. Antes disso, desculpem-me, os homens são apenas coadjuvantes. Cabe a você, homem, decidir que tipo de coadjuvante vai ser: o que participa e apoia a mulher ou o que simplesmente conta pra todo mundo que vai ser pai, mas na prática não sabe muito bem o que isso significa.

Ok. Eu sou o coadjuvante atuante e desde que soube que seria pai vivi a gestação (ou as gestações) de maneira intensa. Participei, dei apoio e, como médico, fiquei atento também ao pré-natal. Eu me interessei por tudo que dizia respeito aos meus filhos, mesmo antes de eles existirem de verdade. Isso, no entanto, não me fez ser pai: me fez ser um bom companheiro. Na prática, eu sabia que estava sendo pai, mas não tinha uma vida dentro de mim, e isso faz total diferença.

Viver intensamente a gestação de uma criança desde o momento em que descobrimos que seremos pai é um dos passos da paternidade, mas nem de longe é o primeiro. O pai, de verdade, só nasce quando nasce o filho, ali no primeiro contato, na hora em que o homem encara o recém-nascido.

Nesse sentido, eu me considero um homem de sorte e um pai mais sortudo ainda. Não poderia escolher um cenário melhor: tenho quatro filhos (duas meninas e dois meninos) e uma enteada, sendo dois do primeiro casamento, dois do segundo e a enteada do terceiro. O que mais eu poderia querer?

A história da Amanda começa muito antes de ela nascer. Quando o irmão dela nasceu – eu me lembro como se fosse hoje –, tive um dos dias mais felizes da minha vida: eu me senti pai pela primeira vez. Tinha ganhado um filho, um menino saudável, cheio de vida e que me trouxe responsabilidades de pai e ainda a possibilidade de ser amigo. E é assim até hoje. Depois, quando ele começou a crescer, a ideia de vê-lo ao lado de um irmão era a melhor possibilidade do mundo. Foi quando a Amanda começou a ser planejada.

Para dizer a verdade, eu nunca fui o tipo de cara que fica por aí dizendo que tem preferência por um filho ou uma filha. Sempre quis ser pai, não me importava se fosse menina ou menino. Mas eu não fazia ideia de que a possibilidade de ser pai de uma menina (hoje pai de duas e padrasto de uma) me deixaria tão alegre e apavorado ao mesmo tempo. E foi o que aconteceu.

O segundo filho veio e, no momento exato em que eu soube que seria pai de uma menina, fui tomado por essa felicidade meio assustadora que, no fundo, queria dizer:

Como ser um bom pai de menina?
Será que ela vai ser minha amiga?
Será que vou ter ciúmes demais?
Como vou lidar com as coisas de meninas?
Existem coisas de meninas e coisas de meninos?
Sei que sou um bom pai de menino, mas e de menina?
Será que vou ter que aprender?
Como é ser amigo de filha?
Existe amizade entre pai e filha?

Mil perguntas passavam pela minha cabeça. Eu sentia um pouco de medo e, ao mesmo tempo, uma felicidade sem tamanho. Logo de cara havia realizado um sonho que nem sabia que tinha: ser pai de um casal. Um menino e uma menina que me chamariam de pai para sempre. Era, de fato, o melhor dos cenários. O desafio era como eu ia me preparar para tudo isso.

Aí, a Amanda nasceu. E, com ela, nasci pai outra vez. É claro, eu já era pai. Mas esse papo de que o segundo filho encontra o caminho mais fácil, que os pais já estão acostumados e que tudo flui de um jeito mais natural não existe. O segundo filho, para mim, era tão novidade quanto o primeiro. Afinal, o primeiro era um menino e o segundo era uma menina.

Se nasci pai pela segunda vez no mesmo dia em que a Amanda nasceu, depois nasci pela terceira vez e mais uma quarta vez, no nascimento do terceiro e do quarto filho.

A verdade é que a gente sempre acha que está preparado, que já aprendeu tudo, que basta ser um bom companheiro ao longo da gravidez e depois repetir com os mais novos tudo que já fez com os filhos mais velhos que não vai ter erro, mas não é bem assim que funciona na prática. E já de cara a Amanda, minha segunda filha, me mostrou isso.

1. Ela é menina

Ser pai de menina é, num primeiro momento, assustador. Pode dizer o que quiser, vir me falar que esse discurso está ultrapassado e que essa ideia é um machismo enraizado; estou aqui para mostrar o contrário. Eu realmente me considero um homem em constante aprendizado e pronto para colaborar na desconstrução dos discursos machistas, e isso não me impediu de me sentir assustado com a notícia de que seria pai de uma menina.

Para começar, eu não queria errar com a minha filha. Acho que foi justamente com a chegada da Amanda na minha vida que comecei a me desconstruir e entender o quanto é importante dar espaço às mulheres, ouvi-las e garantir que elas ocupem um lugar de igualdade com os homens na sociedade. Afinal, no momento exato em que eu soube que teria uma filha, a primeira coisa que me veio na cabeça foi: preciso ser tão amigo e parceiro da minha filha quanto eu sou do meu filho. Preciso aprender a ser pai de menina para que a minha filha possa ser minha amiga. Essa responsabilidade é minha.

Então, desde o início a Amanda me abriu para um novo mundo. Entender o que era ser pai de uma menina me fez começar a perceber que boa parte do que a minha filha seria e enfrentaria na sociedade viria de mim, da minha maneira de passar ensinamentos e educação a ela. Logo, se eu queria que ela fosse minha amiga, eu teria de me esforçar para fazer parte do mundo dela e ser para ela o que eu gostaria que ela encontrasse do lado de fora da porta da minha casa.

O desafio era, então, aprender a ser um pai e um homem que eu acreditava serem os ideais para a existência da minha filha no mundo.

A CIÊNCIA EXPLICA

Há pesquisas que comprovam quanto a relação pai-filha influencia na construção da personalidade da mulher e nas relações que ela estabelece ao longo da vida. Segundo a psicóloga e terapeuta Adriana Potexki, "a maneira como um pai se relaciona com sua filha tem muito efeito sobre quem ela será no futuro".
Por esse motivo, a terapeuta aconselha aos pais se permitirem estar no universo de suas filhas, porque assim estabelecem uma relação de liberdade e segurança, fundamental para que elas o procurem num momento de resolução de problemas.

Fonte: Angélica Favretto. A importância do bom relacionamento entre pai e filha para o futuro da mulher. *Sempre família*, 12 abr. 2018. Disponível em: www.semprefamilia.com.br/educacao-dos-filhos/a-importancia-do-bom-relacionamento-entre-pai-e-filha-para-o-futuro-da-mulher/.

É. Eu não estava errado quanto à importância da amizade entre pai e filha.

De início, tive de aprender o básico:

A) Não tem essa de coisa de menina e coisa de menino: as crianças podem ser o que elas bem entenderem e brincar como quiserem. Tudo bem se meninos brincam de boneca e casinha, e é incrível se as meninas decidem jogar futebol ou explorar o mundo. São crianças.

B) Embora sejam crianças e possam fazer o que bem entendem, é importante respeitar a individualidade de cada um: cabe a mim, como pai, compreender o mundo de cada um dos meus filhos e participar, aprender cada detalhe. Só assim me torno amigo deles.

C) O relacionamento entre os adultos, sobretudo pai e mãe, não pode de maneira alguma atrapalhar a relação com os filhos: os adultos que lutem para aprender a separar os desentendimentos entre eles da vida com seus filhos e, nesse caso, por experiência própria, verdade, respeito e decisão em conjunto são as melhores saídas.

Se você é pai de menina ou vai se tornar um, comece a lição desde já:

Você, pai e adulto, é quem definirá se sua filha será sua amiga e companheira ou não.

2. A Amanda é ruiva e é a cara da mãe

Sabe aquela frase "filho é tudo igual, amo todos os meus filhos da mesma maneira"? Preciso dizer, e me desculpe se o magoo, mas isso é a mais pura mentira. Filhos não são todos iguais e nós os amamos de maneiras diferentes. O amor que sentimos por cada um de nossos filhos é gigante, inabalável e incomparável, mas amamos cada um de um jeito, exatamente por serem diferentes. Isso não é excluir ou reduzir o amor. Ao contrário: é respeitar e valorizar a diferença e a individualidade de cada um.

Pois bem. Na minha inocência de pai de segunda viagem, achei que a Amanda seria, no mínimo, parecida com o irmão, tanto física quanto psicologicamente. De cara, errei. A Amanda nasceu ruiva, uma bolinha vermelhinha e linda. Ruiva, muito ruiva. E a cara da mãe. De mim, ela tem alguns traços e talvez um pouco da personalidade. Diferente do irmão, diferente de mim. Mais um desafio.

Amei a Amanda no exato momento em que a vi pela primeira vez. Antes de ela chegar, eu achava que já sabia tudo sobre ser pai, sobre o amor de pai, que o irmão dela já havia me mostrado o caminho a seguir. Me enganei. Tudo era novo outra vez e, com ela, senti o amor se renovando, se multiplicando.

O presente de ser pai de um casal é maravilhoso, e ali, com os dois, eu sabia que tinha tudo e que poderia conquistar o restante do mundo só pra eles.

3. A separação do casal não é separação dos filhos

Já não é segredo para ninguém que fui casado, tive dois filhos, acabei me separando, me casei de novo, tive mais dois filhos e, depois, me casei de novo e ganhei uma enteada. E o meu primeiro casamento chegou ao fim quando as crianças ainda eram muito pequenas, o que tornava as coisas mais difíceis ainda. Entenda: a separação nunca é fácil. Aceitar que fracassamos num relacionamento é das coisas mais difíceis. Quando envolve filhos, então, a decisão de colocar um ponto-final na relação parece ser ainda mais complicada.

E se os filhos deixarem de amar um dos pais?
Vamos ter que morar em casas separadas?
Como vão ficar as crianças?
De quem é a guarda?
Eu vou ter dia e horário para ver os meus filhos?
Não podemos tentar outra vez?
Pelas crianças?
Vamos esperar as crianças crescerem um pouco mais?
Será que as crianças vão entender?

Não importa muito o que aconteceu e por que motivo o amor entre um casal que tem dois filhos acabou, essa questão não vem ao caso, mas sim as atitudes que se seguem a essa constatação. O ponto-final, a separação, muitas vezes é a decisão mais acertada ao se pensar nos filhos. Viver sem amor e num ambiente propício ao conflito e à falta de companheirismo não traz benefício a nenhum dos envolvidos.

Foi dificílimo – e é dificílimo para qualquer casal –, mas decidimos nos separar.

E foi nesse momento de separação que o desafio de ser pai – um pai 100% presente – se mostrou para mim.

Como seria dali em diante? Como os meus filhos me veriam como pai? Como eu continuaria sendo um pai presente mesmo não estando presente todos os dias na vida dos meus filhos? Como eu faria para manter uma boa relação com as crianças? Como seria o diálogo com a minha ex-mulher? E se ela encontrasse alguém, como os meus filhos veriam essa pessoa?

Para além do sofrimento de uma separação de um casal, inúmeras questões, dúvidas e inseguranças aparecem. Nem sempre tomar a decisão que é a mais acertada e que trará melhores resultados a longo prazo significa tornar o processo mais fácil e menos doloroso. Ao contrário, as dores, o sofrimento e a insegurança continuaram surgindo na cabeça dos dois. Hoje posso dizer com tranquilidade que as mesmas incertezas e inseguranças que existiam na minha cabeça também tomavam conta dos pensamentos da minha ex-esposa.

Entretanto, o que não posso deixar de mencionar em hipótese alguma é que a decisão de acabar com o casamento foi tomada pelas duas partes e que nunca, em momento algum, nos perguntamos se teríamos de dividir as crianças. Sabíamos que a dinâmica ia mudar, mas nunca houve sequer o sentimento de que a partir da separação passaríamos a disputar ou a competir pelo amor dos nossos filhos. Uma coisa era certa: o diálogo entre os pais (e adultos da situação) teria de ser alinhado e os problemas do casal deixados de lado para o bem dos nossos filhos.

Então, desde o momento em que nos separamos, naturalmente – ou um pouco aos trancos e barrancos, com o passar do tempo –, ficou claro que:

1. A vida dos adultos não deve interferir na vida das crianças: simples assim, o papo de adulto, de um casal, sobretudo os que se tornam pai e mãe, não deve nunca ultrapassar a linha do diálogo entre as duas pessoas. Isso não quer dizer, pelo amor de Deus, que eu sou do tipo que acha que o homem ou a mulher não devem compartilhar problemas e reclamações com uma rede de apoio. Não, não é isso. Aliás, tenha uma rede de apoio sempre. Quero dizer que as decisões de um casal não devem reverberar no relacionamento do indivíduo com os outros. E isso até mantém viva a rede de apoio. No meu caso, aliás, valeu a máxima de que a separação foi a melhor coisa para a saúde mental dos adultos e dos nossos filhos. E isso melhorou, e muito, a minha convivência com as crianças e com a minha ex-esposa.

2. As crianças devem ser tratadas como crianças, mas isso não significa que devem ser feitas de bobas: omitir, mentir e deixar de contar a verdade a elas nunca é a melhor decisão. A verdade, por mais dolorosa que seja, deve prevalecer, e a dor e o sofrimento devem ser respeitados e sentidos até que passem. Lembre-se: de todo modo, todos sofrerão, por isso, é melhor que todos sofram com a verdade dos fatos do que com as mentiras reveladas aos poucos.
3. Tempo é valioso: com a separação, o valor do tempo ficou ainda mais evidente para mim – e acredito que para os meus filhos e para a mãe deles também. Isso significa que eu entendi que o tempo, de fato, é passageiro. E exatamente por esse motivo deve ser respeitado e vivido intensamente, com qualidade. Antes, eu tinha oportunidade de viver com os meus filhos 24 horas por dia, sete dias por semana, mas, com a separação, passei a ter menos horas, menos dias por semana. Com isso, passei a valorizar o pouco de tempo que tínhamos juntos. Entender isso fez toda a diferença na minha vida e na deles também. Por menor que fosse o tempo, se tivesse qualidade e verdade, estava tudo bem e já valia a pena.

A separação, bem como me adaptar a uma nova rotina, não foi fácil – acredito que nunca é. Por isso, manter o respeito por todos os envolvidos, me entender e compreender a nova dinâmica da minha vida foram elementos essenciais para me manter tranquilo e capaz de lidar com todas essas transformações.

A CIÊNCIA EXPLICA

Se você, adulto, chegou a pensar que por algum motivo geracional ou até mesmo por experiência e maturidade seria possível esconder dos seus filhos que alguma coisa não andava bem no seu relacionamento com o seu parceiro ou a sua parceira, você pensou errado. Ou melhor, até é, mas só se seu filho tiver até três anos de idade; caso contrário, nada feito. Isso mesmo: atualmente, já é mensurado por diversas pesquisas da área da psicologia e da neurociência como as crianças e adolescentes reagem à separação dos pais. Quer ver?

Até os três anos
Crianças de até três anos de idade ainda não têm consciência de que há uma relação entre um casal. Para elas, há apenas a demonstração de sentimentos entre cada indivíduo que compõe a família. Isto é, elas não são capazes de entender que há um elo para além da própria existência. No entanto, é possível,

A CIÊNCIA EXPLICA

sim, perceber sinais de alteração no humor, no sono e no apetite de crianças dessa faixa etária logo após os primeiros meses de separação do casal, sobretudo em crianças em fase de amamentação.

Dos três aos seis anos
Diferentemente do que ocorre até os três anos de idade, crianças de três a seis anos já compreendem que há uma relação entre o casal que compõe a sua família. E, por esse motivo, quando ocorre uma separação, é comum que crianças dessa faixa etária se sintam responsáveis por ela ou que pensem que os pais não as amam e, mais do que isso, tenham dificuldade para aceitar a notícia e se sintam abandonadas ou traídas.
Nesses casos, é possível perceber alterações claras no humor e comportamento das crianças, que podem vir a ter atitudes irritadiças e agressivas e até regredir no desenvolvimento, como voltar a fazer xixi na cama.

A CIÊNCIA EXPLICA

Dos sete anos à adolescência
Nessa fase, as crianças já conseguem perceber os motivos da separação e, por isso, fazem muitas perguntas, numa tentativa de reconciliar o casal que se desfez. Além das infinitas perguntas, as crianças dessa faixa etária passam a ter dificuldades para dormir, podem se isolar e apresentar alterações comportamentais e até relacionadas à alimentação e à autoestima.

Independentemente da faixa etária em que se encaixa seu filho ou sua filha, a melhor escolha é o diálogo e a abertura para as inúmeras demonstrações de afeto e segurança. Você, adulto, precisa entender o quão vulnerável pode ficar a rotina de uma criança, que vê tudo aquilo que ela conhecia como certo se transformar. E, por isso, calma, empatia, respeito e paciência são os melhores *conselhos* que você pode receber na hora de uma separação.

Fonte: Willian Rezende do Carmo. Separação dos pais: qual o impacto na vida das crianças, como conversar? *Neurologista infantil*, 21 nov. 2019. Disponível em: https://neurologistainfantil.com/separacao-dos-pais/.

Não podia deixar problemas para depois. Eu sabia que o dia ia acabar, então, tinha de resolver todas as questões com os meus filhos ali, no presente.

Querendo ou não, a dinâmica no relacionamento com os meus filhos estabelecida logo após a separação foi maravilhosa para a relação que criei com eles. De uma maneira ou de outra, com o fim do casamento, os problemas que existiam na rotina de marido e mulher deixaram de existir, e o diálogo entre os adultos, como pai e mãe, passou a prevalecer e ganhar a importância que deve ter: a nossa preocupação comum era a educação dos nossos filhos e, quanto a isso, não havia discussão, queríamos o melhor para eles. Embora em alguns momentos pudéssemos ter opiniões diferentes – como ainda temos –, ganhava (e ganha) o que é melhor para os nossos filhos. O raciocínio é simples:

1. A verdade é sempre importante, nada de esconder ou tomar decisões sem que o outro saiba.
2. Se a resposta é sim – para qualquer decisão – para os dois, não há mais o que discutir.
3. Se um diz não, o outro se compromete a entender o porquê e ponderar o que vale a pena.
4. Se há dúvida de ambas as partes, vale esperar e refletir até que a resposta certa apareça.

O diálogo sustentou e sustenta, dia a dia, a relação que construo com os meus filhos. E com a Amanda, especialmente, é o diálogo que mantém fortes as nossas relações de pai e filha e de amizade. Desde sempre, com a Amanda ainda muito pequena, estabelecemos uma relação de muita proximidade e confiança: eu sempre a vi como uma amiga, uma pessoa com quem posso contar, errar, confidenciar os meus medos e as minhas inseguranças e, ainda assim, ser o pai dela.

A Amanda me ensinou a ser pai de menina e me fez ser um pai melhor para o irmão mais velho dela e, depois, é claro, para a irmã e o irmão que ela tem somente por parte de pai. É bem verdade que eu sempre quis ser pai e já achava maravilhoso ser pai de menino. Sabia que teria o meu filho para compartilhar gostos em comum, para ter papos de homem para homem, entender o mundo e crescer, mas, ao me tornar pai de uma menina, entendi que tinha muito a melhorar e a evoluir como ser humano. E o que me guiou nesse sentido foi querer ser amigo da Amanda, ser um pai com quem ela também pudesse compartilhar gostos em comum e conversar sobre tudo, assim como eu sabia que seria sendo pai de um menino.

Aprender com os filhos é sempre um bom caminho a ser seguido.

OI, PAI, TÔ AQUI!

Chegou a minha vez de falar sobre o meu pai e sobre o que é ser filha dele. Pra dizer a verdade, parar para pensar sobre isso é um pouco engraçado. Eu sempre o vi como meu pai e também como meu amigo. Recorrer à memória para falar sobre ele quando eu ainda era bem pequena é maravilhoso: é ao mesmo tempo divertido e emocionante.

Nunca houve um dia em que eu tenha sentido que não podia contar com o meu pai para qualquer coisa. Mesmo quando ele se separou da minha mãe, sabia que ele estava ali para tudo. Bastava pegar o telefone e chamá-lo para qualquer coisa – qualquer coisa mesmo – que ele estava ali, disposto a ouvir e a atender o que quer que fosse.

Todo mundo acha que o filho – ainda mais a filha – mais novo tem um monte de privilégios com os pais. Tudo parece ser mais fácil, pois os pais, em teoria, são mais flexíveis e mais dispostos a ceder do que com os filhos mais velhos. Eu até posso concordar com isso em alguns pontos, mas seria injusta se dissesse que consigo as coisas mais rápido ou mais fácil com o meu pai só porque fui a filha mais nova durante um tempo. Vejo muito que o meu pai sempre nos tratou de um modo único, ou seja, nunca percebi que havia qualquer comparação ou diferença entre mim e o meu irmão e, depois, entre os meus irmãos e, agora, com a enteada dele. Acho que isso é o que mais me chama a atenção quando paro para pensar na nossa relação. Na verdade, eu amo isso.

Isso quer dizer que não tem briga? Que não tem chateação e desentendimento? Que não tem frustração? Que não tem decepção? Que não tem *falei demais, desculpa*? Que não tem *preciso ficar sozinha agora*? Que não tem *poxa, acho que você exagerou aí*? Tem, e tem muito. Ele é meu pai antes de ser meu amigo, então, em alguns momentos, por mais afinidade e intimidade que a gente tenha, muitas das minhas vontades – e das dele – acabam sendo não correspondidas.

entender que ele não é só meu pai

Eu já nasci caçula e, portanto, nunca tive a "experiência" de ser filha única, mas preciso dizer que foi difícil entender que eu tinha que *dividir* meu pai com meus irmãos. Eu amo os meus irmãos, amo muito mesmo, e morro de saudades deles (os mais novos, atualmente, não moram no Brasil e nos vemos poucas vezes por ano), mas quando eles nasceram já havia uma dinâmica estabelecida e que funcionava bem para dois. Aí, eles chegaram e tudo mudou, claro.

Hoje, eu entendo e amo a nossa dinâmica. Mas, no começo, aceitar que passaria a ter um tempo em conjunto com mais dois irmãos foi difícil. Isso não significa que eu não gostava deles ou que tinha ciúmes – ok, talvez eu tivesse um pouco –, mas sim que eu tinha que me readaptar e encontrar um tempo que fosse só meu e do meu pai. Não foi rápido e, muitas vezes, o meu jeito mais introvertido deixou meu pai e meus irmãos chateados – se eu não queria ou se mudava de ideia em cima da hora, não pensava duas vezes, não saía com eles e pronto. Hoje, entendo melhor e sei que, em alguns momentos, para estar com meu pai eu vou estar com os meus irmãos também e, em outros, estaremos só nós dois, assim como ele faz com eles. E tudo bem ser assim.

Isso nos aproximou e nos fez ainda mais amigos, porque:

a) Ele estabeleceu os limites dele, me fez entender e respeitar os meus irmãos. Ele também é pai deles e ponto.

b) Eu estabeleci os meus limites, tive espaço para agir como achava que tinha de ser e de falar o que não estava funcionando para mim.

capítulo 2

CAPÍTULO 2

"Eu acolhi a minha filha e dei espaço para que ela continuasse me contando aquela história. Por mais difícil que isso tenha sido pra mim, eu fiz o que devia ser feito e mantive as portas abertas para o diálogo, porque eu sabia que, a partir daquele momento, outros assuntos começariam a ganhar mais força e eu precisava que ela continuasse confiando em mim para poder continuar por perto, sendo ouvido e respeitado como pai e como amigo."

Minha filha cresceu, e agora?

Ser pai é viver uma série de alegrias, expectativas, tristezas e frustrações. Ao longo deste livro, minha ideia é falar um pouco de cada um dos sentimentos da paternidade. E, neste capítulo, já começo com uma verdade difícil de ser assumida por muitos de nós. É quase como um segredo guardado a sete chaves, compartilhado entre todas as pessoas que se propõem a passar pela experiência de educar uma criança. Se ninguém fala, ninguém fica sabendo, não é mesmo? Mas será que não falar nos deixa mais tranquilos ou nos faz amargar e permanecer com a triste ilusão de conviver com a pergunta: Será que isso acontece só na minha casa, só comigo e só com os meus filhos?

Peço desculpas de antemão aos pais e mães que prefeririam manter em segredo a grande contradição que é observar o passar do tempo quando o assunto são os *nossos filhos*.

De um lado, queremos congelar o tempo, paralisar cada segundo de vida e de alegria que compartilhamos com eles. Num ato quase egoísta, desejamos não compartilhar com mais ninguém a mágica que é ver pela primeira vez o choro, o sorriso, o primeiro passo, a primeira palavra, o primeiro corte de cabelo. Também não queremos, de maneira alguma, perder a mágica das infinitas primeiras vezes pelas quais os nossos filhos passarão ao longo de toda a vida. Queremos estar ali pra sempre, do lado, cuidando, observando, aplaudindo, mostrando como se faz quando é preciso, torcendo. E isso, nem preciso dizer, só acontece se o tempo para, congela e nos mantém ali nos breves (e longos, é verdade) instantes de vida em que as crianças são completamente dependentes de um adulto.

A menos que você seja um super-herói, paralisar o tempo não é uma opção. E mais do que isso, embora no fundo você deseje pausar os instantes, você também deseja que os filhos cresçam, tenham a vida deles, façam as próprias escolhas, errem, vivam, enfrentem as dificuldades com calma e dignidade e sejam felizes na maior parte do tempo. Eis a contradição de ser pai.

Aquela menina pequena e indefesa que dependia do pai e da mãe para tudo cresceu. E, agora, como eu lidaria com isso? Será que saberia ser pai de uma adolescente? Como eu reagiria às questões dela? Será que eu estava preparado para encarar tudo? Será que ela confiaria em mim? Será que ela seguiria tendo a mim como um amigo e referência?

Mais uma vez, eu me vi maravilhado e paralisado diante das inúmeras possibilidades que era ser pai de uma menina, agora crescida. Veja bem, mesmo já tendo passado por isso com meu filho mais velho, no caso dele eu meio que sabia como as coisas funcionam. Embora, claro, ele seja diferente de mim e viva da maneira dele, eu também havia passado pela adolescência e vivido experiências próximas às dele.

Agora, como é ser pai de uma menina adolescente? O que eu tinha de fazer para não errar?

A minha sorte, devo dizer, é a Amanda, que sempre foi uma menina bem-resolvida e que sempre soube o que queria, sem papas na língua. E, mais uma vez, o privilégio de ter construído com os meus filhos uma relação saudável.

Filho é coisa séria e é para a vida inteira. A adolescência deles não podia ser uma crise maior para mim e, por isso, eu tinha que reagir e me adaptar.

O choque da sinceridade

Longe de mim reclamar da relação de amizade que construí com os meus filhos, não me vejo num mundo em que isso não exista, na verdade. Mas, em muitos momentos, me vi em situações em que eles chegavam a mim e faziam revelações de um jeito que parecia que estavam se esquecendo de que eu era o pai deles. Especialmente com a Amanda, a relação sincera entre nós, muitas vezes, chamou a atenção das pessoas que nos rodeiam. Revelar segredos, pedir conselhos, falar abertamente sobre questões que incomodam. À medida que a Amanda foi crescendo, esse laço de amizade entre nós foi se fortalecendo.

E não pensem que sempre é fácil, viu?

Eu até cheguei a pensar que estava preparado para ouvir tudo e estar ao lado dela em qualquer situação – e vou estar sempre –, mas, em alguns momentos, fico pensando se não tem algum modo melhor de me preparar para ouvir o que ela vai me contar.

O primeiro desses choques foi logo na adolescência; já sem muitas travas na língua, a Amanda dividia comigo angústias, alegrias, incômodos e sonhos típicos de uma adolescente. E aí, virava e mexia, eu acabava ouvindo confidências a respeito de quem ela gostava, não gostava, desentendimentos com amigas e amigos, dificuldades em alguma matéria da escola. Coisas – como dizemos nós, adultos – de adolescentes.

Na minha cabeça, eu já tinha me preparado para ouvir todas as novidades dessa fase, que estavam mostrando como a minha filha estava crescendo, se tornando uma mulher. Eu achava... até ouvir que...

"BEIJEI; PRECISO CONTAR PRO MEU PAI!"

Foi isso que eu falei pra minha mãe no meio do shopping. Ela já sabia, claro, de toda a história. Eu gostava do menino, achava ele bonito, a gente conversava. E aí, conversa vai, conversa vem, finalmente nos beijamos.

Logo depois do meu primeiro beijo, fiquei bastante empolgada, afinal tinha beijado o menino de que gostava. Era importante pra mim, uma novidade. Por isso queria contar para as pessoas que sabiam da história, que me conheciam e sabiam o que eu queria. Nesse meio, estava, obviamente, o meu pai.

E aí, no meio do shopping, num domingo à tarde, não pensei duas vezes e decidi que precisava contar pra ele. E tinha de ser logo! A gente não ia se ver naquele dia e ainda ia demorar pra gente se encontrar, tinha de ser por telefone mesmo.

Liguei pra ele e, na lata:

"Pai, beijei!"

Do outro lado da linha, um silêncio constrangedor. Nenhuma palavra sequer. Eu só imaginava o meu pai assimilando aquela história. Mas, como era o meu primeiro beijo, eu queria que ele ficasse sabendo logo e ponto. Contei sem pensar duas vezes.

Depois de uns dez segundos de silêncio, ele respondeu, ainda sem jeito:

"Ah, legal, filha! Como assim? Como foi?"

Eu ri, né. Contei pra ele como tinha sido e segui a vida no shopping.

Até hoje minhas amigas não acreditam quando conto essa história pra elas. "Como assim, contar para o seu pai que você deu o primeiro beijo?" É o que mais escuto quando conto essa história.

Eu não sei. Contei e percebi que, desde então, nossa relação ficou ainda mais próxima. A gente briga, se desentende.

Ele me fala um monte de coisa que me deixa, muitas vezes, irritada e sem vontade de falar com ele, mas ele me ouve e me acolhe também.

Por exemplo, depois disso, ficou mais fácil falar com ele quando eu tinha algum problema com o meu então namorado. Gostava de ouvir a opinião do meu pai, saber o que ele pensava da história e, acreditem, em alguns momentos ele me mostrava que eu estava errada ou sendo injusta. Isso me irritava, mas também me fazia pensar de outro jeito, enxergar as situações de uma maneira diferente e mudar o que parecia não fazer mais sentido.

* * *

Nessas situações, eu me perguntava: será mesmo que eles estão contando isso pra mim? Será que eles se lembram que eu sou o pai deles?

Acredito que manter esse tipo de interação só foi possível pelo modo como a minha ex-esposa e eu já lidávamos com a nossa separação. Embora tenhamos evitado envolver as crianças nos assuntos que se referiam única e exclusivamente a nós dois, mantivemos um diálogo aberto sempre que havia (e há) algo envolvido na educação delas. Por isso, nesses momentos em que meus filhos me contam algo desse modo, eu paro para pensar, escuto e acolho o que me dizem. E, quando acho necessário:

1. Sinalizo que sou pai deles. Sim, sou um amigo, mas não posso assumir o papel de cúmplice numa situação que pode prejudicá-los.

2. Converso, acolho e aconselho. E procuro mostrar que não posso manter a história em segredo, pois preciso compartilhar com a mãe deles, para que, juntos, possamos encontrar o melhor caminho para a solução e, assim, evitar maiores sofrimentos.
3. Valorizo momentos como esse. Busco demonstrar interesse nas histórias, nos dilemas e nas alegrias adolescentes, os quais muitas vezes não parecem ter tanta importância para nós, adultos.
4. Procuro ter momentos individuais com cada um dos meus filhos, sempre buscando priorizar esses instantes para que continuem acontecendo e sejam proveitosos.
5. Digo não sempre que for preciso. Isso garante que eu continue sendo respeitado como o pai dos meus filhos. Muitas vezes, eu preciso dizer não para o bem deles, mesmo que não entendam imediatamente.

Adotar a postura de pai-amigo e amigo-pai, sem nunca me esquecer da responsabilidade que é educar um filho, fez com que eu me adaptasse à personalidade de cada um deles. A Amanda, por exemplo, minha primeira filha, fez com que eu me adaptasse à maneira direta e sincera de dizer as coisas. Ela nunca teve medo de expor um pensamento, ideia ou dúvida a mim e, algumas vezes, chegou a me surpreender com sua sinceridade. Para ela, não é não e não há negociação que a convença a mudar de ideia ou repensar o que quer fazer.

Menstruação, corpo e primeiro beijo

Eu sabia que esse dia chegaria e que a minha garotinha se transformaria numa mulher. Embora eu não estivesse preparado para isso, a sinceridade da Amanda não me deu tempo de esperar as coisas acontecerem para apenas observar e depois decidir o que fazer. Quando a menstruação veio, ela não teve dúvidas, me contou e se abriu, querendo entender o que estava acontecendo.

Mais uma vez, me vi numa situação em que, pela sociedade em que vivemos, achava que seria natural que ela dividisse esse momento apenas com a mãe, já que, como sou o pai, pouco entenderia sobre o assunto para falar com ela. Ok, eu sou médico e atendo crianças e adolescentes, e, embora ginecologia não seja a minha especialização, eu sei, minimamente, o suficiente para ter uma conversa com ela. Mas deixo o meu conselho de homem para homem, pai para pai aqui: não se prive de ter conversas importantes com a sua filha só porque a sociedade acha que não é o certo.

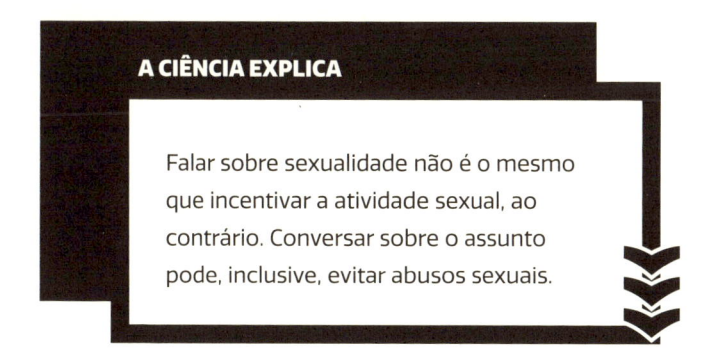

A CIÊNCIA EXPLICA

Falar sobre sexualidade não é o mesmo que incentivar a atividade sexual, ao contrário. Conversar sobre o assunto pode, inclusive, evitar abusos sexuais.

A CIÊNCIA EXPLICA

Não falar sobre sexualidade ou usar metáforas esquisitas para responder às perguntas *Como eu nasci?* ou *De onde vêm os bebês?* não afasta o seu filho do sexo ou do desejo de saber mais sobre o assunto. No Brasil, uma pesquisa divulgada pelo IBGE em 2015 mostrou que quase 30% dos alunos do 9º ano do ensino fundamental (cuja idade média é 14 anos) já tiveram relação sexual e que muito antes disso parte considerável das crianças já experimentou beijo de língua e toque sem roupa. Em outra pesquisa, realizada em 2019 pela Pediatric Academic Societies, 90% dos pais de jovens entre 13 e 17 anos afirmaram que falavam sobre sexo com os filhos, mas somente 39% dos adolescentes disseram o mesmo. Vê-se, então, que o tabu existe e ronda ainda a tomada de decisão da grande maioria dos pais sobre quando falar sobre sexo com os filhos. A resposta está

A CIÊNCIA EXPLICA

em tratar o assunto com naturalidade, evitando as metáforas mais estapafúrdias e irreais, aproximando as grandes questões da sexualidade dos assuntos do dia a dia. Abrir esse diálogo é fundamental não apenas para evitar gravidez na adolescência, mas também para prevenir infecções sexualmente transmissíveis, abusos sexuais, violência e pedofilia. Informação de qualidade nunca é demais e só prepara o seu filho para uma vida adulta segura e tranquila.

Fonte: Nathalia Ziemkiewicz. Como falar sobre sexualidade com seu filho. *Revista Crescer*, 7 maio 2019. Disponível em: https://revistacrescer.globo.com/Criancas/Desenvolvimento/noticia/2019/05/como-falar-sobre-sexualidade-com-seu-filho.html.

O primeiro beijo da Amanda

Ok. Acabei de dizer que sabia que esse dia chegaria e que eu seria *obrigado* a aceitar que a minha filha já não era mais uma menininha. Mas quem disse que foi assim suave e tranquilo? Não, meu amigo. Na prática, foi um susto, uma surpresa, um sincero choque de realidade.

No dia em que recebi o telefonema da Amanda, no meio da tarde de um domingo qualquer em que não estava com as crianças, jamais passaria pela minha cabeça que ela estava me ligando para me fazer uma revelação tão importante quanto o primeiro beijo. Mas, sem rodeios e sem enrolação, ouvi:

"Pai, beijei!"

Minha primeira reação foi ficar em silêncio, sem saber o que dizer. Por fora, quem estava comigo me viu vermelho, corado, num mix de sentimentos que eu não sei descrever: estava feliz? Surpreso? Assustado? Emocionado? Preocupado? Perdido?

Não sei dizer, só sei que tive que reagir e dizer alguma coisa, falar o que tinha de ser dito – mas o que deve ser dito nesses momentos?

Eu sabia que aquela não era uma história ou uma novidade qualquer. Sabia que *o primeiro beijo* era um marco importante na vida da minha filha, assim como foi na minha, na sua e de qualquer pessoa. E, mais do que isso, sabia que o fato de ela ter escolhido me contar essa novidade não era uma decisão à toa e insignificante. Eu tinha sido escolhido por ela para ouvir a novidade em primeira mão. Por isso, se eu dissesse qualquer coisa fora do tom, perderia a sua confiança na hora.

Então, eu fiz o que tinha de ser feito.

Respirei. Assimilei o que tinha ouvido. Me entendi com os meus sentimentos. E respondi com calma – não sem embaraços na voz, é claro, porque tudo isso aconteceu em poucos segundos:

"Filha, o primeiro beijo? Que novidade bacana! Me conta, como foi? Como você está se sentindo?"

Eu acolhi a minha filha e dei espaço para que ela continuasse me contando aquela história. Por mais difícil que isso tenha sido pra mim, eu fiz o que devia ser feito e mantive as portas abertas para o diálogo, porque eu sabia que, a partir daquele momento, outros assuntos começariam a ganhar mais força e eu precisava que ela continuasse confiando em mim para poder continuar por perto, sendo ouvido e respeitado como pai e como amigo.

A CIÊNCIA EXPLICA

Você já ouviu falar da expressão *Comunicação Não Violenta,* ou CNV? Trata-se de um processo constante de pesquisa desenvolvido pelo psicólogo americano Marshall Bertram Rosenberg e uma equipe internacional que se propõe a estudar a comunicação em que predomina a empatia e o não julgamento.

A CIÊNCIA EXPLICA

Como isso é possível?
Quando ocorre:
- **A)** Distinção entre observações e juízos de valor.
- **B)** Distinção entre sentimentos e opiniões.
- **C)** Distinção entre necessidades (ou valores universais) e estratégias.
- **D)** Distinção entre pedidos e exigências ou ameaças.

Numa conversa, perceber essas distinções pode parecer simples, mas na prática nem sempre o é. Tomando como exemplo a informação do *primeiro beijo*. Me veio assim, clara e objetivamente: "Pai, beijei". É um fato que me foi comunicado numa tarde de domingo, pelo telefone, sem que eu pudesse encontrar a minha filha adolescente. A minha reação poderia ter sido totalmente avessa ao que fiz, mas, ao assimilar o que estava acontecendo, entender a informação que estava recebendo e, claro, raciocinar como um adulto neurocientista, percebi que estava diante de um divisor de águas na relação

A CIÊNCIA EXPLICA

com a minha filha e optei por acolhê-la, sem julgamentos, uma vez que:

1. Eu não podia mudar o que tinha acontecido, não adiantava eu dizer que não tinha gostado.
2. Se eu logo de cara partisse para julgamentos, perderia a oportunidade de saber tudo o que tinha acontecido depois daquele primeiro beijo.
3. Eu sabia que por trás do "pai, beijei!" estava um "eu confio no meu pai, quero contar para ele algo importante da minha vida e precisa ser agora, mesmo não estando com ele", e ter essa percepção é fundamental numa relação de amizade.

Ter empatia pelo outro numa esfera de comunicação não violenta é saber ouvir, acolher e não julgar, não descarregar sobre o outro as nossas crenças e valores.

Fonte: Marshall B. Rosenberg. *Comunicação não violenta*: técnicas para aprimorar relacionamentos pessoais e profissionais. São Paulo: Ágora, 2021.

Saber ouvir e acolher o seu filho é o primeiro passo para mantê-lo sempre por perto, confiando em você.

Deixar crescer é fundamental

Manter os filhos sempre por perto, desejar que eles continuem dependendo de nós e que nunca saiam de debaixo das nossas asas. Muitas vezes esses são desejos secretos compartilhados pelos pais. Se perguntar a algum pai uma coisa dessas, nenhum vai ousar dizer que algum dia sequer passou pela cabeça pensar em algo parecido. Afinal, todos querem ver os filhos bem, realizados, felizes, maduros e capazes de se defender.

E, ok, todos concordamos com isso. Mas como lidar com a real ideia de vê-los crescendo, de vê-los tomando conta da própria vida, sem que a nossa presença ou opinião seja realmente essencial?

Já aviso logo de cara que o processo, em alguns momentos, exige muita força de vontade e calma da nossa parte, porque do contrário nossa tendência é segurar, manter perto e fazer o que for preciso para que os nossos filhos permaneçam sempre os mesmos, próximos da gente.

Mas espera, agora ficou confuso. Manter perto e fazer o que for preciso para cuidar dos nossos filhos não é o melhor caminho?

Sim. É. Desde que seja feito na medida certa. Se o copo enche demais e transborda, o processo acaba se tornando confuso. Quer ver?

1. Você consegue ser firme e dizer não à sua filha quando percebe que ela está passando dos limites que você estabeleceu dentro de casa, na relação de vocês?
2. Você sabe conversar com a sua filha e mostrar quando ela está errada e explicar com clareza o porquê?
3. Você deixa que sua filha tome as próprias decisões? E respeita as escolhas que ela pode fazer, claro, na idade dela?
4. Você dá tempo para a sua filha entender as situações de conflito em que, eventualmente, ela se coloca para tentar se defender do jeito dela?
5. Você respeita os espaços da sua filha do mesmo modo que espera que ela respeite os seus?

As respostas a essas perguntas parecem simples – e são –, mas precisam ser pensadas e ditas com verdade para você entender se as suas decisões e atitudes na relação com a sua filha a deixam crescer de maneira saudável.

Adolescência é uma fase

Vai passar. Você, adulto, sabe que passa. E, sim, é um período de muitas mudanças e transformações na vida das pessoas. Na da sua filha não seria diferente. Lembre-se de que esse momento vai passar e tenha paciência com todas as alterações de humor e todas as diferenças de comportamento.

Vale mencionar que você é o adulto da situação e, apesar das diferenças geracionais entre você e sua filha, você sabe melhor do que ela que esse momento da vida vai passar. E passa.

Entender mais sobre a geração da sua filha – e sobre a sua também – pode ajudá-lo nessa missão que é a adolescência.

DIFERENÇAS GERACIONAIS

| 1940 | 1960 | 1980 | 1995 | 2010 |

- 1940: Baby boomers
- 1960: Geração X
- 1980: Geração Y (*millennials*)
- 1995: Geração Z
- 2010: Geração alfa

Baby boomers

É a geração dos meus pais e avós dos meus filhos. É a geração que surge após a Segunda Guerra Mundial e, devido ao período, teve de ajudar a reconstruir o mundo devastado. São pessoas, portanto, disciplinadas e que valorizam a estabilidade financeira e emocional. Casamento, casa própria, comprar carro, trabalhar anos na mesma empresa são elementos que fazem sentido para os *boomers*.

Geração X
É a nossa geração, meu amigo. Somos os filhos dos *boomers* e, embora tenhamos nascido no meio da década do movimento hippie, também passamos por eventos trágicos, como a Guerra do Vietnã e as diversas ditaduras ao redor do mundo. A do Brasil, por exemplo, ocorreu nessa época. Compartilhamos com os nossos pais alguns pontos, como o desejo de estabilidade financeira, casa própria e segurança emocional, mas somos um pouco mais pessimistas e buscamos liberdade. Vimos de perto a evolução tecnológica desde o seu surgimento.

Geração Y
São mais conhecidos como *millennials*, porque eram crianças ou adolescentes na virada do milênio. Essa geração está mais adaptada e flexível a mudanças do que as anteriores, principalmente porque cresceu em um momento de transformações e viu o mundo migrar do analógico para o digital. E, diferentemente dos pais, já não quer mais passar a vida toda numa mesma empresa; quer mais liberdade e flexibilidade para viver.

Geração Z
Primeira tribo de nativos digitais, nasceu já na pós-revolução tecnológica. Os nascidos nessa geração são bons em lidar com atividades multitarefas, são ágeis e têm facilidade em aprender coisas novas. Também são engajados e lutam por aquilo em que acreditam e levam essas crenças para o ambiente de trabalho, ou seja,

trabalhar em algo em que acreditam é sinônimo de satisfação pessoal.

Geração alfa
É o grupo mais novo, composto de crianças nascidas a partir de 2010 e 100% imersas num ambiente digital. É, portanto, a geração que tem mais afinidade com tecnologia, o que faz dela mais ágil e observadora, mas, ao mesmo tempo, com menos paciência e concentração para executar atividades mais demoradas.

Conviver com as diferentes gerações e entender os traços de cada uma delas pode auxiliar na hora de abordar questões que todos compartilhamos em algum momento da vida. A adolescência, por exemplo, é uma delas.

Não deixe de ter conversas com a sua filha porque você acha que não vai saber reagir só por ser homem. O primeiro passo para romper essa barreira é você quem tem que dar.

Num primeiro momento, aquela chamada tão sincera e aberta me assustou e me paralisou. Talvez eu não estivesse pronto e talvez não quisesse acreditar que ela, de fato, estava crescendo e que eu teria de me adaptar a isso. A verdade é que, no dia em que a Amanda me contou que tinha menstruado pela primeira vez, entendi que eu nem sempre estaria preparado para ter conversas de todos os tipos com ela, mas que, ainda assim, se quisesse continuar tendo a relação que havíamos construído, teria de me esforçar para ouvi-la e para falar o que ela queria ou precisava ouvir.

Depois da menstruação, outras questões começaram a aparecer: as mudanças no corpo; os interesses, deixando de pertencer ao mundo infantil para dar espaço a um universo mais próximo dos interesses adultos; a curiosidade sobre o outro; e o corpo do outro ganhando mais espaço. Tudo isso acontece na vida dos adolescentes, e nós pais precisamos estar atentos para receber com tranquilidade e acolhimento essa fase.

É fácil? Nem sempre, mas, se quisermos vê-los crescer, precisamos encarar isso.

E foi em meio a esse contexto que veio o primeiro beijo da minha filha.

Não posso negar que a minha primeira reação foi: "Como assim essa menina beija na boca? Onde já se viu isso acontecer? Quem deixou? Por quê?". Liguei pra mãe dela, conversei com o irmão, quis saber mais sobre quem era o menino que ela estava beijando, fiquei preocupado. Essa coisa toda de adulto. Foi um choque. Eu precisava de tempo para assimilar a ideia e me adaptar à nova situação: minha filha, quisesse eu ou não, já não era mais criança e eu tinha de entender isso.

O susto passa, eu garanto. E depois disso, quando pude refletir, comecei a me envolver com essas novas situações e entendi que:

1. O primeiro beijo da sua filha vai acontecer, quer você queira, quer não. Aceite isso e sofra menos com a ideia. Não dramatize a situação.
2. Conversar, manter o caminho aberto para o diálogo e para as dúvidas é o melhor que você pode fazer pela sua filha.
3. Informação e confiança caminham juntas. Não esconda o que você sabe da sua filha por medo ou preconceito. Se ela não ouvir de você, vai descobrir de outro modo. Então, evite que ela descubra de um jeito que você não queira.

A adolescência é, sim, uma fase difícil. Para todo mundo, mas principalmente para quem a está vivendo. Tente ser maleável e compreensível com a sua filha. Entenda as dores dela. Acolha suas questões e seja empático. Quanto mais você se colocar na vida dela, mais ela vai confiar em você e mais ela vai estar ao seu lado e, consequentemente, menos sofrimento ela terá na adolescência.

Minha filha é linda, mas não acredita nisso

Se eu já mostrava dificuldades em encarar o fato do primeiro beijo da minha filha e a ideia de que ela estava crescendo, imagina quando as questões ligadas à aparência começaram a aparecer. Eu tive vontade, mais uma vez, de parar o tempo, ou melhor, de voltar no tempo, só pra trazer de volta aquela coragem maravilhosa que via nos olhos da minha menina todas as vezes que ela pareceu não gostar do que via no espelho.

Por que isso acontece?

Por que, de uma hora pra outra, parece que as meninas e os meninos começam a questionar a própria imagem?

Crescer não é fácil, já sabemos. Isso porque simplesmente já passamos por todas essas coisas. Mas como explicar a um adolescente que vai ficar tudo bem, que ele precisa passar por todas as transformações pelas quais está passando para crescer? O corpo muda, os hormônios começam a mostrar mais força e, consequentemente, os interesses começam a mudar. A voz muda, a pele pode ficar cheia de espinhas, as roupas ficam meio desengonçadas. Enfim, crescer é doloroso e, como adultos observadores, temos de ouvir e acolher cada uma dessas fases, tentando:

1. Ter paciência. O humor dos seus filhos vai mesmo mudar nessa fase. É natural que eles fiquem irritados ou não queiram mais fazer o que antes gostavam.
2. Respeitar. Sabe aquela história de se colocar no lugar do outro? Pois bem, você se esqueceu de que já foi um adolescente? Dê espaço à sua filha ou ao seu filho para que ela ou ele possa entender o que está acontecendo com o próprio corpo.
3. Demonstrar o amor. Muitas vezes, só precisamos lembrar às outras pessoas o quanto elas são amadas e importantes para nós. Fazer isso pelos nossos filhos também é educar.
4. Não desmerecer o sofrimento do outro. Ainda mais quando quem sofre são os nossos filhos, né? Não importa se você acha bobagem; se a pessoa está sofrendo, ela precisa ser acolhida.

O corpo vai mudar mesmo, a voz vai oscilar até chegar ao tom certo e os hormônios vão alterar o humor dos adolescentes. Mas vai passar.

Tenha calma.

Aceitação: filhos são diferentes da gente

Parece óbvio, mas vira e mexe a gente se esquece: as pessoas são diferentes, sim. Isso é um fato. E isso não é diferente com os nossos filhos. Eles são diferentes e, mais que isso, são diferentes da gente. Isso vale pra tudo: da personalidade à maneira de encarar a vida. Não tente fazer o seu filho caber na sua caixinha de coisas que devem ou não ser feitas. Eles não vão aceitar e todo mundo vai sair sofrendo da história. Respeite o jeito de ser e de pensar de cada um e mostre o caminho que o levará a ser digno.

Entenda que seu filho não tem de agir da mesma forma que você agiu ou teria agido em diversas situações. A relação de confiança e de amizade se constrói na base da troca e do respeito, e é essencial manter isso para que os seus filhos continuem tendo a sua imagem como uma referência de amizade e de pai ao mesmo tempo.

não sou mais criança, pai!

Eu nunca tive travas na língua para falar com o meu pai. Sempre encontrei nele um amigo, um apoio para lidar com tudo o que estava acontecendo comigo. Com ele, eu posso falar o que penso e o que quero e expor as minhas vontades e desejos. Sempre foi assim, sem drama e sem rodeios. Mas me lembro, ainda hoje, de como as coisas entre a gente se fortaleceram ainda mais ao longo da minha adolescência. Contei a ele sobre a minha menstruação, minhas questões com o meu corpo, meus problemas na escola e minhas paixões.

Muitas vezes, ele reagiu de um jeito engraçado pra mim, como quando contei que estava namorando. Parecia que eu tinha contado a ele que ia me casar, ter filhos, ir embora e que ele seria avô. Ele se assustou, foi engraçado. Quis saber tudo desse meu primeiro namorado.

Esse laço nos permitiu criar uma relação de respeito e confiança. Sei, por exemplo, que posso contar com o meu pai para o que der e vier, mesmo que em alguns momentos eu discorde do que ele diz ou fique brava porque ele tem uma opinião contrária à minha.

    Tem uma história da minha infância que marca demais essa relação de confiança que há entre nós. Ainda quando pequena, na escola nova, fui vítima de *bullying*. As meninas da classe simplesmente me excluíam e não gostavam do meu jeito e da minha maneira de ser e faziam com que todo o grupo me excluísse.

    Num primeiro momento, eu não entendia muito bem por que aquilo acontecia e, mais do que isso, não sabia como lidar com a situação. Queria ser amiga da classe inteira e fazer parte daquele novo grupo, mas ao mesmo tempo não fazia sentido pra mim ter que mudar o meu jeito para ser aceita pelas pessoas.

    Segui sendo eu mesma, mas sofrendo. Reclamando em casa, contando o que acontecia. E tive apoio dos meus pais para entender que aquilo não era saudável, que era *bullying* e que eu encontraria as maneiras corretas de me defender sem precisar passar por cima de quem eu era.

    Contando assim parece até que foi fácil, mas eu sofri até entender que amigas e amigos, se fossem de verdade, me aceitariam do jeito que eu era. Eu confiei em mim e nos meus pais e fui fazendo o meu próprio grupo de amigos com as pessoas que não deixavam se influenciar por aquela situação.

A CIÊNCIA EXPLICA

Bullying
É uma prática sistemática e repetitiva de atos de violência física e psicológica, tais como intimidação, humilhação, xingamentos e agressão física, de uma pessoa ou grupo contra um indivíduo. Em geral, a pessoa que é vítima de bullying se sente acuada e sem defesas diante do grupo que a ataca. Pode vir a ter reações inesperadas de violência em resposta aos ataques que sofreu ao longo de um período.

Fonte: Francisco Porfírio. Bullying. *Mundo Educação*. Disponível em: https://mundoeducacao.uol.com.br/educacao/bullying.htm.

Bullying é algo bastante comum e acontece sem que a gente perceba ou entenda os reais motivos daquilo tudo. Eu sei que é ruim, triste e doloroso porque já vivi na pele essas situações. Então, se você ou sua filha estiver passando por algo parecido:

1. Você não tem culpa do que está acontecendo.

2. Peça ajuda, conte para os seus pais, converse e explique o que está acontecendo. Quem está de fora pode te ajudar a visualizar a situação de um jeito que você não consegue.
3. Tenha calma e acredite em você. Isso tudo vai passar e você vai conseguir se sentir bem.
4. Tenha o seu tempo para reagir às situações; você pode ser diferente das pessoas e deve continuar sendo você mesma.
5. As pessoas que te amam seguirão te amando.

E, claro, vale refletir e se colocar do outro lado da situação: se, por acaso, passou pela sua cabeça que você está fazendo *bullying* com alguém, volte duas casinhas e repense suas ações. Se você não gostaria de estar passando pelo mesmo que outra pessoa por conta das suas atitudes, então é hora de mudar e ser alguém melhor.

capítulo 3

CAPÍTULO 3

"O que esse desejo quer dizer exatamente? Qual o limite entre não sofrer e entender o que pode e o que não pode? E até que ponto o sofrimento só oferece coisas ruins? Isto é, ele não pode nos ensinar algo bom?"

O que está por trás da realização de um sonho?

No momento em que aceitei que a minha menina tinha crescido e que eu estava diante de uma adolescente, a chavinha das nossas conversas começou a mudar. Eu passei a entender que ela estava amadurecendo, mudando e ainda aprendendo a lidar com tudo isso, tentando atravessar essa fase sem muito sofrimento. Ficamos ainda mais próximos e mais amigos.

Então, o tempo passou e os tão esperados quinze anos chegaram.

Veja bem, quando a Amanda fez quinze anos eu tinha cerca de 44 e, na minha época de adolescente, quando as meninas completavam essa idade, uma grande festa era organizada para que a aniversariante fosse apresentada à sociedade. Tradicionalmente, a festa, também conhecida como baile de debutante, marcava o fim de uma fase e o início da vida adulta, em que a garota era, então, apresentada aos amigos, convidados e familiares como uma mulher. Era, de fato, um evento, um marco na vida da aniversariante e também na da família.

Será que a Amanda gostaria de ter uma festa de debutante?

Essa foi uma das perguntas que comecei a me fazer quando ela estava se aproximando dessa idade. Os tempos haviam mudado: já não se faziam festas como antes, ninguém mais ousava usar a expressão *apresentar a menina para a sociedade*. Não havia mais necessidade de fazer isso. Havia, no entanto, um movimento entre as meninas – e os meninos também – de comemorar a chegada dos quinze anos. Alguns deles faziam festas, outros pediam para fazer uma viagem ou algo diferente, mas, ainda assim, todos comemoravam.

Eu suspeitava que a Amanda ia querer uma festa, porque ela gosta de comemorações, de estar com os amigos, mas não fazia ideia do que ela estava planejando.

Até que tivemos a primeira conversa sobre o aniversário dela.

Ela queria, sim, uma festa e queria uma quase igual às que eu presenciei na minha adolescência: com valsa, vestidos chiques, amigos, familiares, decoração bonita, comida, doces e bolos. Tudo que ela imaginava era como num sonho de princesa.

E, sinceramente, para mim esse foi o melhor pedido. Eu sei que nem todos os pais têm condição de organizar uma grande festa, mas acredito que comemorar a vida dos nossos filhos, mesmo que em celebrações mais simples, deve, sim, ser parte da nossa vida. O que importa é lembrar, reunir e comemorar todas as conquistas.

Apesar de todo o privilégio de que disponho e de fazer parte, portanto, de uma parcela pequena da população brasileira, a mãe da Amanda e eu entendemos desde o início que aquele evento poderia ser uma ótima oportunidade para introduzir uma das questões mais importantes da vida adulta: finanças pessoais.

E assim demos início ao planejamento daquele sonho.

Finanças pessoais não podem ser um assunto proibido na sua família.

O sonho do seu filho pode se adequar à sua realidade

Quando digo que a decisão de fazer a festa de quinze anos da Amanda foi também encarada como um momento de introduzir o assunto finanças pessoais na vida dela, não estou exagerando ou criando uma história bonita para ser contada aqui. Nós, de fato, fizemos isso. Como?

Simplesmente decidimos incluí-la em todo o planejamento da festa. Então, um ano antes do grande evento, demos início à realização desse sonho. Esta é a história que quero contar aqui pra você.

Mas antes, vamos entender por que falar de finanças pessoais com os seus filhos é importante?

Este livro é, basicamente, a história das conversas que tenho com a minha filha e, mais até, é um convite para que você passe a ter essa abertura com a sua filha ou o seu filho. Pois bem, quando pensamos na educação de uma criança, num primeiro momento, o que passa pela nossa cabeça é:

1. Oferecer o que estiver a meu alcance para que a criança tenha acesso a um ensino de qualidade.
2. Passar a ela os valores e princípios que são importantes para mim e para a nossa família.
3. Ensinar o que é certo e o que é errado dentro daquilo que acreditamos.
4. Impedir que essa criança sofra, na medida do possível.

E por aí vai, a lista não acaba. Mas aqui, falando de finanças pessoais, gostaria de chamar a atenção para o item número 4 da minha lista.

Poupar os nossos filhos do sofrimento, na medida do possível.

O que esse desejo quer dizer exatamente? Qual o limite entre não sofrer e entender o que pode e o que não pode? E até que ponto o sofrimento só oferece coisas ruins? Isto é, ele não pode nos ensinar algo bom?

Mas longe de mim adotar aqui uma postura de positividade tóxica e achar que sempre há o lado bom em tudo que acontece, pois pode ser que em alguns momentos da vida não exista algo bom mesmo.

    Naquele cenário de idealização e planejamento da festa da Amanda, eu queria mais é que ela se sentisse realizada, conquistando o que desejava, mas não queria que ela perdesse de vista a realidade das coisas e de tudo que está por trás do privilégio de fazer uma grande festa de aniversário. E foi desse desejo que surgiu a ideia de introduzir o tópico finanças pessoais na vida dela, aos quinze anos.

Finanças pessoais, o que é isso?

Nada mais é do que um conjunto de estudos e ações que contribui para a gestão dos gastos de uma pessoa ou de uma família. Em outras palavras, é a reunião de gastos necessários para manter o padrão de vida de uma pessoa, o que é necessário para viver de maneira organizada.

Quanto mais consciente dos próprios gastos e ganhos for uma pessoa, mais organizada financeiramente ela é e, consequentemente, menos problemas

Finanças pessoais, o que é isso?

financeiros ela terá. E, mais do que isso, passará a:
- saber quanto ganha e quanto gasta;
- traçar metas para realizar seus sonhos;
- guardar dinheiro, também conhecido como fazer uma reserva de emergência;
- não contrair dívidas;
- estudar sobre dinheiro.

Trazer a educação financeira para a rotina da sua família é um modo simples de não só evitar problemas com dinheiro no futuro, mas também de antecipar sonhos que os seus filhos sequer imaginam ter, como comprar uma casa, fazer uma viagem, estudar fora.

Por que falar de finanças quando o assunto é festa?

Naquele momento, talvez não estivesse tão claro pra gente o quanto a decisão de incluí-la no planejamento da festa seria positivo para a vida da Amanda e do irmão dela também. Mas, hoje, tenho certeza de que foi uma das decisões mais acertadas que tomamos.

Incluir o adolescente na execução e no planejamento de algo que ele tanto sonha é garantir a participação e o interesse dele do início ao fim do projeto. E foi o que conseguimos com a Amanda, mostrando o que era possível e o que não era.

O projeto festa foi organizado assim:

1. Definição de orçamento

No momento em que a Amanda decidiu que queria mesmo fazer uma festa de quinze anos com *tudo a que tinha direito*, nosso primeiro passo foi definir o limite de gastos para o evento e, assim, entender o que cabia dentro desse *tudo a que tem direito*.

Isso, na prática, vai além da definição dos gastos e de uma previsão de economia, uma vez que significa mostrar à adolescente que ela pode, sim, escolher o que quer, desde que entenda que há um limite para essas escolhas.

A definição do orçamento, a meu ver, evitou que *nãos* sem um argumento concreto fossem ditos e, consequentemente, nos poupou de uma série de discussões e frustrações. O limite foi estabelecido antes de ser testado.

2. Escolha do estilo de festa

Se antes de começar o processo de organização da festa da Amanda eu tinha uma ideia do que era uma festa de quinze anos, ao darmos início a esse sonho, eu entendi que as coisas não só tinham mudado, como também tinham ganhado um mar de possibilidades. Há diversas opções de temas de aniversário, de estilos de festas, de níveis de luxo e de decisões de decoração.

O lado bom de ter definido um orçamento e de ter compartilhado sem nenhum tipo de ressalva esse valor-limite com a Amanda foi que ela entendeu que podia, sim, sonhar e ter o que quisesse, desde que soubesse fazer as escolhas certas e ponderar o que, de fato, valeria a pena para ela e para a realização dela.

Mais uma vez, uma série de discussões e dores de cabeça foi evitada. A Amanda sabia o que podia gastar e, então, sabia como direcionar as próprias escolhas.

3. Hora de pensar e desfrutar

O limite de gastos não só fez com que a Amanda ponderasse as próprias escolhas, como também fez com que ela passasse a usar a criatividade para tomar as decisões que definiriam como seria a festa dela. Pois bem, foi nesse ponto que comecei a ver a inventividade dela entrando em ação, refletindo, por exemplo, se um vestido de alta-costura feito por um estilista famoso era mais importante que ter mais tempo de festa, se a escolha de uma banda famosa valia a pena ou se a decoração clássica e exclusiva era mesmo um item essencial.

E, embora, claro, os adultos que estavam cuidando da festa pudessem entrar em ação para dar opinião e fazer sugestões, esses comentários não vinham com um peso de decisão, mas sim tinham a leveza de deixar a conversa aberta, no sentido de funcionar como âncora para chamar a atenção da Amanda para algo que talvez ela não estivesse se lembrando: o orçamento.

O que valeria mais a pena mesmo?

4. Autonomia e autoconfiança

Não havia nada no orçamento inicial para pagar esse item aqui. Foi maravilhoso acompanhar o crescimento e amadurecimento da Amanda ao longo desse ano todo de planejamento. Pude ver, de fato, a mulher ocupando o lugar da menina.

Antes mesmo de fazer os 15 anos, a Amanda, com consciência dos limites de gasto, passou a se sentir confiante e autônoma para tomar as próprias decisões. Esse foi um ganho imenso, e vê-la feliz, entendendo o que podia e o que dava pra fazer, foi o maior presente dessa festa.

5. Realização

Quando chegou o dia da festa, todo mundo estava na maior alegria e expectativa de ver o resultado daquele processo, afinal, nós havíamos participado de todas as etapas da organização, bem como das escolhas e decisões da Amanda. A festa foi mesmo uma realização de um sonho pra gente: a Amanda estava radiante e todos nós estávamos felizes com o que havíamos idealizado e planejado juntos.

Ao mesmo tempo, foi uma oportunidade de me manter próximo à minha filha e de vê-la feliz com algo que era importante para ela.

6. O valor das coisas

Aqui talvez seja o mais óbvio, mas vou escrever mesmo assim. Ao ser apresentada ao valor das coisas, a Amanda entendeu o *real* valor delas. Sim, ela viu que nem tudo era possível e que teria de abrir mão de uma coisa ou outra para ter algo que considerasse realmente importante. Isso foi transformador pra ela e pra mim também.

Aproveitar as oportunidades para mostrar aos filhos o que, de fato, importa é fundamental para continuar tendo conversas francas com eles.

Não subestime a capacidade do seu filho. Ele vai assimilar o que você ensinar a ele e vai ensinar algo novo a você também. Esteja aberto para dar o primeiro passo.

a festa de quinze anos, meu sonho

Nem eu sabia que queria tanto a festa de quinze anos até começar a planejá-la. Acho que posso dizer que vivi várias festas ao longo daquele ano de preparação. A partir daquele momento, passei a saber o que era fazer uma festa. Meu pai me deu total liberdade para escolher o que eu queria e me mostrou o valor das coisas. Não é barato, e, embora eu pudesse *tudo*, tinha que definir o que era esse *tudo* pra caber no limite de gastos que eu tinha.

Eu sou grata a isso, aprendi a real: *as coisas, de fato, não caem do céu*. Entendi o limite e até mesmo o valor de cada uma delas. E eu tive o total apoio dos meus pais e dos meus irmãos nessa etapa. Eu não mudaria nada na minha festa de quinze anos e em tudo o que aprendi no processo todo de realização do evento. O dia da festa foi um sonho, mas o tanto que curti e aprendi durante a preparação também foi um marco importante na minha vida.

E pode parecer exagero, mas ser incluída de verdade em todo o processo de organização da minha própria festa me fez, realmente, viver a transição dos meus quatorze para os quinze anos. Não, eu não acho que virei uma mulher adulta apta a tomar todas as próprias decisões a partir do meu aniversário de quinze anos. Ainda me considerava uma adolescente – hoje, quase na faculdade, ainda arrisco dizer que me considero quase adulta – e tinha consciência disso, mas essa festa me transformou de fato.

Eu já tinha um bom relacionamento com os meus pais e com os meus irmãos, mas ao longo de todo o processo de organização da minha festa nos aproximamos mais e acredito que tenhamos todos amadurecido juntos por diversos motivos, mas listo os mais marcantes:

1. Eu deixei de ser a adolescente chata

Cara, eu sei (porque sou) que ser adolescente em muitos momentos é muito chato e cansativo, mas ouvir isso a todo momento e, mais, ter que explicar isso às pessoas é mais cansativo ainda.

Participar ativamente da minha festa e tomar as decisões dentro do orçamento que os meus pais me permitiram evitou que eu tivesse que justificar todas as minhas escolhas, explicar os meus gostos "de adolescente" ou declarar amor fiel a qualquer coisa que para os meus pais seria boba. Eu deixei de ser teimosa e chata e me senti respeitada e valorizada. Isso foi mesmo lindo.

2. Viver é caro

Se tem uma coisa que minha festa me deixou muito claro é como as coisas custam caro e como é importante saber o que temos em mãos para poder definir melhor quais são as nossas prioridades.

Eu tive, sim, uma festa dos sonhos, mas antes precisei me entender comigo mesma para definir quais eram as coisas mais importantes para mim. Tive de fazer a Marie Kondo (aquela especialista em organização pessoal) no meu aniversário e sentir o que me trazia realmente alegria e amor para escolher o que estaria na minha festa.

3. O processo é sempre importante

Para os ansiosos de plantão – eu incluída –, essa é uma dica de milhões. Aproveitar o processo, saborear o que dá certo, o que precisa ser revisto, o que deve ser repensado é, sim, maravilhoso. A festa foi tudo que sonhei e mais um pouco, mas o ano de planejamento foi um presente na minha vida em que pude me entender comigo mesma e até me conhecer melhor através de todas as etapas pelas quais passei.

Viver o processo (e aproveitá-lo) é maravilhoso.

4. Felicidade só é real quando compartilhada

Esse aqui fala por si só, e é, realmente, verdade. Eu não poderia ter vivido o ano de planejamento e mais a minha festa se não tivesse compartilhado todas as minhas dores, alegrias, angústias, ansiedades e realizações com as pessoas que amo e que fizeram acontecer.

5. Planejamento é tudo

Todo o processo de organização, orçamento e ideias me ensinou que a gente pode ter tudo que deseja desde que se planeje para isso. Eu tinha um sonho de fazer uma festa de quinze anos e consegui realizá-lo do jeito que sonhei porque planejei tudo ao lado da minha família.

Tive de abrir mão de algumas coisas? Tive, sim. Tive de adaptar outras? Também tive. Descobri que algumas coisas não eram possíveis? Sim. Tive de ser criativa? E como tive! E consegui fazer a minha festa tão sonhada. Hoje, eu sei que sou capaz de organizar o que eu quiser e, claro, de realizar também, porque aprendi a me planejar e a me organizar para fazer tudo que quiser.

A Amanda de hoje – e a do futuro também – é muito grata à Amanda de quatorze e quinze anos porque aprendeu com ela que sonhos podem se tornar realidade desde que bem planejados. De lá pra cá, planejei e realizei outros. E também mudei de ideia, me conheci de outras maneiras. E, sim, posso dizer que aquela garota de quinze anos me ensinou a ser uma mulher com mais certeza de suas próprias conquistas.

capítulo 4

CAPÍTULO 4

"A conversa sempre foi a maneira mais transparente que eu encontrei para oferecer uma educação saudável e inteligente a eles. E esse modo de pensar é anterior à internet, o que me ajuda a entender melhor a dinâmica das redes."

A internet é um mundo maravilhoso, mas com limites

Se você, assim como eu, nasceu lá atrás *quando tudo isso aqui era mato*, bem sabe que internet é coisa recente. Para usar um termo bem da minha idade, *na minha época* o telefone fixo era coisa de luxo e só com o passar dos anos é que foi se popularizando e se tornando algo acessível a qualquer pessoa. Veja bem, estamos falando de um objeto que, atualmente, quase ninguém mais tem, tamanha a popularidade do celular, e que chegou até a ser um item que se alugava, que passava de pai para filho.

Corta para o início dos anos 2000, aquele período em que as pessoas usavam tênis plataforma, acreditavam no bug do milênio, cintura baixa era última moda e as músicas viravam *hits* graças a um canal de televisão chamado MTV. Foi nesse cenário que surgiu o que chamamos de internet, e não pense você que funcionava como hoje, com banda larga, fibra óptica, velocidade mega-ultra-power-blaster. Não. Ela era discada e, mais uma vez, restrita a poucos usuários, começando pelo fato de que para ter internet era preciso:

1. Ter um telefone fixo.
2. Contratar uma operadora de internet.
3. Morar em uma região onde a Anatel já tivesse disponibilizado esse serviço.
4. Ter um computador, que, pasmem, no início dos anos 2000 era algo gigante e caro, muito caro.

Quando paro para pensar no quanto as coisas evoluíram de lá pra cá, eu me assusto e me surpreendo imaginando o que ainda está por vir. A invenção da internet é uma das coisas mais revolucionárias que o homem já criou, haja vista o quanto ela foi importante nesse momento de pandemia em que nos vimos imersos em 2020. Ouso dizer que sem ela nós não teríamos encontrado e criado as soluções para passar por essa crise.

E, pessoalmente, a internet mudou completamente a minha vida, afinal jamais poderia imaginar que um médico, neurocirurgião e professor que sou, um dia teria um perfil nas redes sociais para divulgar o próprio trabalho e falar sobre medicina, explorando, de um modo ou de outro, a comunicação, que é também uma área de grande interesse para mim. A internet abre portas, reduz distâncias e eleva a nossa capacidade de pesquisar, produzir conteúdo e divulgar o conhecimento.

A CIÊNCIA EXPLICA

Proibir ou não o uso da internet?
Como se não bastassem todas as questões acerca da educação de um filho, atualmente temos de nos preocupar também com o acesso à internet. Há pais que, simplesmente, decidem proibir o uso das redes em casa. Há outros que proíbem alguns sites e jogos. Outros ainda que permitem o uso, desde que seja feito na presença deles. E há os que liberam sem se preocupar com o que está sendo visto ou acessado.
Você é adepto a alguma dessas linhas? Já parou para pensar a respeito?
Do lado de cá, sou da opinião de que não é válido proibir, afinal, de um jeito ou de outro, a internet se faz necessária e, se bem utilizada, traz benefícios, sim. Sou então da opinião de que é preciso

A CIÊNCIA EXPLICA

estabelecer limites e acompanhar de perto o que tem sido feito nas redes. Estudos científicos comprovam que a tecnologia influencia e modifica comportamentos e hábitos desde a infância e que o uso precoce dessa ferramenta pode causar danos e prejuízos à saúde, como dificuldade de socialização, aumento da ansiedade, dificuldade de aprendizagem e muitos outros. Por esse motivo, a Sociedade Brasileira de Pediatria (SBP) recomenda:

- O tempo de uso da internet (total ou diário) deve ser proporcional à idade da criança.
- Desencorajar ou até evitar a exposição em frente às telas (passiva) com conteúdo violento ou inapropriado para crianças com menos de dois anos, principalmente uma ou duas horas antes de dormir.

A CIÊNCIA EXPLICA

- Limitar o tempo de uso em até uma hora por dia para crianças de até cinco anos.
- Crianças de zero a dez anos não devem fazer uso das redes ou da televisão desacompanhadas de um adulto, sobretudo ter um computador ou uma TV no próprio quarto, uma vez que a exposição excessiva às telas pode comprometer as horas de sono consideradas saudáveis para essa faixa etária (oito a nove horas diárias).
- Estabelecer limites de horário e mediar o conteúdo para identificação do conteúdo das imagens.
- Equilibrar o tempo de exposição às telas com a prática de atividades lúdicas e esportivas.

A CIÊNCIA EXPLICA

- Monitorar todo o conteúdo acessado pelas crianças, analisando imagens e textos.
- Ter um bom antivírus que identifique ataques de hackers e roubos de dados.
- Aprender sobre o conteúdo de mensagens inapropriadas que podem expor as crianças a riscos e ensiná-las a respeito disso (pedofilia, suicídio, ansiedade e transtornos de imagem).
- Manter o diálogo aberto, conversando sobre os valores da família, bem como sobre ética, respeito e conteúdos que violem os direitos humanos.
- Desconectar-se sempre que possível – a família inteira – e aproveitar momentos de lazer longe das redes sociais, da TV e do celular.

A CIÊNCIA EXPLICA

Proibir o acesso não é o caminho, mas mostrar o que pode ser visto e feito na internet é papel fundamental do adulto, pois só assim a criança conseguirá encontrar os benefícios da internet e reconhecer os conteúdos que podem lhe causar algum dano à saúde mental.

Fonte: Rosana de Paula Laurindo. A criança e o adolescente na era digital. *Le Petit: Clínica da Criança*. Disponível em: https://www.lepetitpediatria.com.br/a-crianca-e-o-adolescente-na-era-digital/.

Diante de tudo isso, como eu, o *médico influencer*, poderia chegar para os meus filhos e simplesmente vetar o uso da internet, como muitos pais o fazem? Não teria lógica. Ao mesmo tempo, sei que, embora a internet seja maravilhosa e nos proporcione uma série de coisas incríveis, ela também é um mar tenebroso que oferece uma série de perigos. Conversar sobre a internet e entendê-la é o meu modo de torná-la um lugar seguro e possível para os meus filhos estarem.

O diálogo é sempre o melhor caminho

Como o próprio nome deste livro diz, eu sou, sim, um incentivador (e defensor) da boa conversa, do diálogo aberto e sem travas ou amarras entre as pessoas, e isso não muda quando o meu interlocutor é algum dos meus filhos. A conversa sempre foi a maneira mais transparente que eu encontrei para oferecer uma educação saudável e inteligente a eles. E esse modo de pensar é anterior à internet, o que me ajuda a entender melhor a dinâmica das redes.

Vetar o acesso à internet não afasta as crianças das redes; ao contrário, só as deixa mais interessadas e curiosas.

O que me possibilitou lidar com mais leveza com a dinâmica redes sociais e adolescentes não foi só a conversa, mas também a percepção de que o mundo digital e o acesso à vida on-line são um caminho sem volta. Isso não quer dizer, no entanto, que a liberdade de uso tenha reinado sem que houvesse zelo ou atenção da nossa parte. O cuidado é fundamental quando o assunto é internet.

Limite é tudo e posso provar

Muitas vezes, quando o assunto é o acesso às redes sociais e adolescentes, nossa mente vai logo para a parte *perigosa* da coisa, afinal, expor e permitir a exposição é, sim, algo que abre o mar tenebroso e inóspito da rede e, em alguns momentos, a falta de informação e de acesso pode resultar em eventos e situações desagradáveis. Para isso não acontecer, mais uma vez:

1. Dê um ou dois passos atrás e reflita sobre a maneira como você se comunica com os seus filhos. Você, de fato, conversa com eles? Dá abertura e espaço – sem julgamento – para que eles falem com você sobre tudo?
2. Entenda que a internet é uma ferramenta de comunicação e, quer você queira, quer não, seus filhos precisam dela para se informar, estudar e até mesmo se relacionar com outras pessoas.
3. Conhecimento gera conhecimento. Quanto mais você se informar e souber em detalhes o que é a internet, menos assustador parecerá o mar tenebroso de perigos que rondam as redes.
4. Estabelecer limites: de acesso, de horários, de tempo de uso, de páginas permitidas e não permitidas.
5. Fazer-se presente. Conhecer a fundo o que o seu filho faz não é só uma questão de definir o que pode e o que não pode, é acompanhar o dia a dia e ver como é o comportamento dele diante dos mais diversos assuntos.
6. Saber que tecnologia é o presente e incentivar o acesso a ela é fundamental, então, é melhor você entender a internet como uma aliada, e não como uma inimiga.

Eu sei que a vida não é um passo a passo de regras e situações, como um guia do que dá certo ou errado, por isso sei que você saberá avaliar muito melhor do que eu como deve agir com os seus filhos com relação à internet. Mas uma coisa eu sei: quanto mais você se informa, menos assustadoras as coisas ficam. Então, não tenha medo de entender melhor as possibilidades e as armadilhas da internet para ficar tranquilo com a presença das crianças nas redes sociais.

Estabeleça limites e tudo funcionará melhor e de maneira mais tranquila na gestão do tempo delas na internet:

1. Defina o tempo de uso das crianças. Hoje em dia, já é possível controlar o tempo de exposição à internet pelo celular.
2. Mostre que você confia nos seus filhos. Então, ao proibir o acesso a um determinado site ou rede social, diga o porquê e não esconda o que te assusta.
3. Dê o exemplo. Ou, melhor dizendo, se você não quer que seus filhos fiquem 24 horas por dia na internet, presos ao celular e às trocas de mensagens, não faça isso também. Defina um limite de uso pessoal e siga à risca, mostrando como se faz e como é bom o mundo fora da internet.

O que tem na internet?

Até agora falamos sobre restrição e/ou proibição de uso das redes sociais e acesso a sites, jogos e até programas de televisão. Mas por que existe essa preocupação? Por que devemos nos preocupar com o que os nossos filhos vão encontrar na internet? Essa é uma discussão que ultrapassa as ideias de limites e definições de uso das quais falamos até aqui. Está ligada ao que pode ser encontrado nas redes muito além do tempo de exposição às telas. Isto é, não basta você limitar o tempo de uso se não estiver atento ao conteúdo.

Já sabemos que tudo, TU-DO, mudou com o surgimento da internet. A velocidade com que as coisas acontecem é cada vez maior e o tempo de acesso a elas é cada vez menor, o que, claro, é bom e ruim ao mesmo tempo. Entender isso e saber fazer uma curadoria do que você acessa, consome e autoriza seus filhos a acessarem e consumirem é fundamental para que você possa extrair o melhor das redes.

Nem tudo está perdido!

É possível, portanto, encontrar tudo on-line. Os mais diversos conteúdos, pesquisas, notícias, filmes, exposições de artes, artigos para compra e venda, visitas a cidades, violência, incentivo a comportamentos nocivos à nossa saúde. Então, selecionar e conhecer o que está sendo feito é fundamental. Para organizar melhor o que estou falando, vou dividir em *lado bom* e *lado ruim* – sim, sempre há um lado bom!

O lado bom

Podemos começar aqui relembrando o ano de 2020. Já mencionei neste capítulo, mas vale retomar: o que teria sido do mundo se a internet não existisse? Com a pandemia de covid-19, nos vimos forçados a ficar em casa em isolamento e, em muitos casos, a internet passou a ser não só um excelente meio de comunicação, como também se tornou ferramenta de trabalho, estudo, entretenimento e informação. Sem a tecnologia (avançada e em constante evolução) que temos acesso hoje, teríamos tido um isolamento social muito mais solitário e complicado, já que, de fato, *tudo teria parado*.

Claro, constatar esse lado da internet não significa esquecer que, sobretudo em termos de Brasil, boa parte da população tem pouco ou nenhum acesso a ela e que, sim, isso dificultou e muito a situação dessas pessoas e deixa ainda mais evidente as diferenças sociais que marcam o nosso país. Deixando isso registrado, voltemos a falar sobre o lado bom da internet.

A pergunta que não quer calar é: por que a internet é tão boa assim? Uma pequena lista resume isso:

1. Encurtamento das distâncias geográficas. Não, a internet não mudou a disposição do globo terrestre nem a organização dos países ao redor do mundo, mas reduziu o tempo necessário para que as informações fossem de um lugar a outro. Isso colocou o efeito que conhecemos como globalização numa outra esfera, encurtando tempo e espaço. Isto é, atualmente é possível saber o que acontece do outro lado do mundo em questão de minutos.
2. Multiplicidade de canais de informação. Hoje, é possível ter acesso a informações através de diversos meios e canais, bastando apenas uma conexão com a internet.
3. Mudanças econômicas. Já ouviu falar de NFTs e criptomoedas? Imagino que sim. Pois bem, esse dinheiro

virtual que move fortunas abala muitas transações no mercado financeiro.
4. Democratização do acesso às informações. Todos (ou quase todos) podem ter acesso a pesquisas, artigos científicos, notícias, filmes etc. com um clique em sites de universidades, governos, bibliotecas, museus e veículos de informação.
5. Velocidade na comunicação. Nada de ficar esperando meses e meses por uma carta ou dias para conseguir sinal numa linha telefônica. Hoje em dia, ligações por vídeo, mensagens de texto e mensagens de voz já fazem parte da rotina das pessoas.

Essa lista está bem reduzida e, com certeza, tem muito mais a ser acrescentado a ela. Não se pode negar que a internet é, sim, algo positivo. E, quando fazemos o uso eficaz de todos os recursos que ela nos oferece, todo mundo sai ganhando.

Agora, resta saber onde mora o problema.

O lado ruim

Já vimos que o lado bom da moeda *internet* é bonito e colorido, cheio de aspectos positivos e que nos proporcionam coisas boas e crescimento pessoal e profissional. E seria lindo se tudo continuasse assim, mas, do outro lado das telas, há quem saiba fazer o que é bom se transformar em algo ruim. E, quando se trata de internet, o que é ruim pode nos fazer muito mal.

Pois é, não bastasse o tempo de exposição às telas e o mal que isso nos causa, o conteúdo veiculado nesses dispositivos pode nos fazer tão (ou mais) mal que a luz excessiva que reflete em nossos olhos. E é aí que mora o perigo e para onde devem estar voltados a atenção e o cuidado por parte dos pais.

A lista dos aspectos negativos aparece aqui também de forma reduzida e certamente há muito mais coisas a serem acrescentadas. O único ponto que me chama a atenção nesse caso e um dos fatores que me faz acreditar (ainda mais) que o diálogo é a melhor saída na educação dos nossos filhos é que tudo que ganhou um teor negativo e nocivo à nossa saúde se originou dos aspectos positivos.

Ou, em outras palavras, o ser humano é o responsável por construir uma internet positiva ou negativa, que faz bem ou mal aos milhões de pessoas que têm acesso a essa tecnologia, e isso é sinal de alerta para nós, pais, que queremos construir um futuro mais saudável para os nossos filhos.

Dito isso, na lista de coisas ruins temos:

1. Fake news. Como viver em pleno século XXI e não pronunciar essa expressão? Não há saída. Do mesmo modo que a velocidade de informações fez com que passássemos a saber o que acontece do outro lado do mundo em minutos, ela deu também ao homem a possibilidade de deturpar informações, recriar notícias e distorcê-las. Isso colocou a ciência em xeque e pôs inúmeras vidas em risco.
2. Real inventado. A vida que se pinta nas redes sociais nem sempre corresponde à realidade. Em tempos de Instagram, TikTok, Facebook e fake news, fica fácil criar

uma realidade mais interessante e bonita que causa inveja a qualquer um. A casa dos sonhos, a viagem perfeita, o corpo sem marcas e perfeito, a família de comercial de margarina. Tudo é um sonho. O problema disso é que a vida real ocorre fora da internet, e todos sabemos que está bem longe de ser um mar de rosas.

3. Conteúdo violento. E aí vale desde incentivar a violência até promover e praticar atos violentos, seja contra minorias, compartilhando informações falsas e/ou comentários racistas, xenófobos, transfóbicos, homofóbicos, seja cometendo crimes de pedofilia, sexuais, pornográficos. A internet pode ser a porta de entrada perfeita para quem quer promover, incentivar ou praticar atos de violência. Por isso, estar atento é essencial.

4. Saúde mental. Se a saúde física está em jogo quando pensamos em atos violentos, a mental não fica de fora quando se trata da construção de mundos que não existem e são compartilhados nas redes sociais, nos "photoshops" usados em excesso nas fotos de modelos. Tais artifícios causam ansiedade, depressão e outras doenças e transtornos que agridem a saúde mental.

5. Hackers e roubos de dados. Todo cuidado é pouco quando se trata de internet. Estar atento aos seus dados, senhas e às informações que você compartilha em sites pode proteger não só a sua conta bancária, como também a sua própria vida. Já há casos de pessoas que tiveram problemas ocasionados por roubos

de dados e se viram envolvidas em crimes que nunca cometeram ou tiveram suas vidas transformadas porque a imagem delas foi ligada a criminosos.

Informação é o caminho para tudo. Se a sua ideia é que seu filho tenha um acesso saudável à internet e você já entendeu que proibir não é o melhor caminho, cabe a você se informar e entender, cada vez mais, o que pode ser feito para que o uso seja em sua maior parte positivo e, caso não seja, que você o ensine a perceber quando houver algo errado.

A CIÊNCIA EXPLICA

Redes sociais e ansiedade

Pesquisas recentes mostram que 81% dos jovens utilizam rotineiramente as redes sociais. E 60% deles preferem o momento que antecede a hora de dormir para acessar essas redes. Com a pandemia, boa parte das interações sociais foi mantida graças às redes sociais e, em consequência disso, crianças e idosos também caíram nas graças dessa tecnologia, e os jovens aumentaram ainda mais o tempo de uso.

A CIÊNCIA EXPLICA

O problema disso?
Menor qualidade e quantidade de sono, problemas para dormir e horários irregulares para pegar no sono. Já se sabe que a luz das telas é prejudicial aos nossos olhos e causa dificuldades para dormir. Por isso, para a higiene do sono, já se recomendava um afastamento das telas a partir de determinado horário da noite. Não obstante isso, além da luz do celular, o *feed* das redes sociais também é responsável por afetar a nossa saúde, uma vez que, com a facilidade para atualizar e rolar novas cenas, vídeos e textos, nosso cérebro ansioso por novidades recebe estímulos cada vez mais rápidos e somos prontamente imersos num desenrolar infinito de novidades.
A longo prazo, com a saúde do sono comprometida, somos tomados pela irritação, por alterações de humor e ansiedade, acometidos pelo sentimento de FOMO (medo de estar perdendo algo, na sigla em inglês), achando que

A CIÊNCIA EXPLICA

sempre nos falta algo e que nunca temos o bastante.
A solução?
Além de reduzir o uso das telas no período da noite, recomenda-se seguir apenas perfis que nos trazem bons sentimentos, evitando aqueles que nos fazem sentir mal, seja com o que temos, seja com o que somos.

Fonte: Sandra Doria. Excesso de redes sociais prejudica o sono e a saúde mental. *Veja Saúde*, 12 mar. 2022. Disponível em: https://saude.abril.com.br/coluna/com-a-palavra/excesso-de-redes-sociais-prejudica-o-sono-e-a-saude-mental/.

Quem sou eu nas redes sociais? A Amanda empreendedora

Em casa, fiquei cansada de internet, aula virtual, papear com os amigos on-line, falar com as pessoas por vídeo... não aguentava mais ficar vendo tanta tela. E por cansaço, talvez, comecei, no meio da pandemia, a fazer brigadeiro. No início era só para me divertir, ver se eu sabia mesmo fazer o doce que eu tanto amo.

Sem planejamento nenhum – cadê aquela Amanda da festa de quinze anos aqui, hein? –, comprei leite condensado, chocolate e as forminhas e comecei a fazer brigadeiro pra vender. Na primeira leva, tive mais prejuízo que doce feito. Eu não sabia pôr preço, não calculava as horas que ficava na cozinha e nem pensava nos gastos como gás, transporte, embalagens, sabores diferentes.

Depois, fui aprimorando. Fiz um Instagram, comecei a divulgar e a vender no bairro e pra quem pedia por mensagem. Com a volta às aulas, passei a vender na escola. E aí comecei a ganhar um dinheiro relativamente bom, com o qual pude comprar o que eu quis. A escola não gostou muito da ideia da venda de doces, mas não me abalei e dei forças para a Amanda de quinze que sabe o que é planejar e calcula tudo em detalhes para realizar os seus sonhos.

Mas nem só de empreendedorismo virtual e brigadeirístico vive essa garota. Eu sou jovem e não sei falar sobre mim sem que a internet esteja presente. Além de ter um pai com um perfil de milhões – de seguidores e de qualidade ♥ –, sou de uma geração que já nasceu na era digital, o que significa que eu não sei o que é viver com internet ruim ou, pior, sem internet.

Na pandemia, verdade, eu me cansei das redes sociais – algo a que nunca fui muito adepta, mas que sempre fez parte da minha vida –, já que a ideia de aula on-line e ao vivo, além do tempo e do fato de ter se tornado o único meio de me *encontrar* com as pessoas, me fez rever o uso das redes.

Se antes eu já não era muito ligada, a pandemia me fez ficar ainda mais esperta com as redes sociais. Por exemplo, entendi que:

1. Posso explorar meus talentos nas redes sociais, sim. Os brigadeiros me mostraram isso e me fizeram perceber que elas são um grande mar de oportunidades.
2. Se eu não posso mostrar para a minha família, então não é bom. Sim, há muita gente com perfis fechados

e compartilhados só com amigos porque não quer que os pais vejam o que é mostrado ali. Muitas vezes, é besteira ou meme, mas pode não ser, né?
3. Há bons conteúdos, sobretudo no que se refere a saúde mental, tutoriais e conhecimento. Eu aprendi a usar a internet a meu favor, procurando gente com as mesmas questões de ansiedade que eu, conteúdos de médicos (como o do meu pai) com informações sérias e verdadeiras e vídeos ensinando a fazer mil e uma coisas, como brigadeiros de diferentes sabores, roupas e artigos de decoração.
4. Não preciso seguir todo mundo. Se não me faz bem, não preciso seguir e ponto.
5. As distâncias ficam mais curtas e esse lado da internet é um dos melhores aspectos.

A verdade é que, mesmo eu sendo *low profile*, a internet é parte da minha vida e aprender a usá-la é fundamental para que eu possa marcar a minha existência no mundo virtual do mesmo modo que marco no mundo real. E reconhecer esse aspecto não me faz abrir mão da minha vida fora das redes. Descobrir isso e ter consciência disso é maravilhoso.

Olhe ao redor e perceba: há um mundo para além da internet, no qual você pode (e deve) viver sem limites.

CAPÍTULO 5

CAPÍTULO 5

"Os diálogos sem filtro com os meus filhos construíram um mundo só nosso, cheio de empatia, no qual eu me vejo ensinando e aprendendo o tempo todo."

A liberdade é uma via de mão dupla

Nem só de internet vivem os pais e os filhos. Comecemos pensando no modo como as coisas eram antes dessa grande invenção da humanidade e, em seguida, quase no automático, a comunicação passou a reinar nas páginas desse material.

"Naturalmente", os mais espertos diriam, porque tudo passa pela comunicação. Nós nos comunicamos o tempo todo com as mais diversas pessoas e das mais diversas formas. Muitas vezes, até mesmo a decisão de não nos comunicarmos é uma maneira de comunicação. Por exemplo, eu optei por construir uma relação com os meus filhos baseada na comunicação, nas conversas e nas trocas de experiência. A meu ver, esse é o caminho saudável para promover a educação das crianças.

Porém, preciso reconhecer que a escolha de adotar um relacionamento de pouco diálogo com os filhos é também uma maneira de se comunicar.

Como assim?

Ora, a decisão de não conversar sobre tudo, ou seja, de não compartilhar experiências, histórias, erros, acertos, é, sim, uma maneira de se comunicar. Como você não entrega tudo, é uma maneira de construir uma imagem editada de quem você é, de quem você foi e de quem (talvez) você pretende ser no futuro.

Quando filtramos as histórias, omitimos aquilo que não nos parece o melhor para ser contado aos outros – aos nossos filhos. Assim, criamos, sim, uma imagem que julgamos ser melhor, mais bonita e mais inspirável. Mas será que ela se sustenta?

Não sei se você já parou para pensar nisso, mas volta e meia me pego pensando: "Fernando, será que seus filhos precisavam mesmo saber disso?". Logo me respondo que sim, eles precisam saber quem eu sou na plenitude, entender que eu não sou perfeito, que eu erro mais do que gostaria e que já fiz muita besteira, mas que também acertei, reconheci meus erros e evoluí com eles.

Num primeiro momento, pode parecer assustador pensar que os filhos vão conhecer o nosso lado mais sombrio, mas eu garanto: é um alívio poder ficar tranquilo quando amigos da faculdade chegam à minha casa e se lembram de histórias do período em que a minha preocupação maior era me manter em primeiro lugar nos estudos sem deixar de ir às festas e a todos os eventos da faculdade.

E mais do que isso, ao compartilhar todas as minhas experiências com as crianças, sinto que o nosso elo de confiança se fortalece. Faz com que eles entendam, na prática, que já fui adolescente, já cometi os mesmos erros, e que ficou tudo bem. Sem contar que eles pensam muito, mas muito mesmo, antes de tentar me enganar ou atenuar uma história que sabem que não vou gostar de ouvir, porque têm noção de que vou perceber que estão mentindo.

Compartilhar histórias é a melhor maneira de manter a confiança das pessoas em você. Não tenha medo de quem você é e das histórias que formam o seu caráter; elas são importantes e as pessoas que te amam vão continuar te amando com todas as suas histórias.

Criando histórias

Meio que sem saber, a ideia de me comunicar abertamente com os meus filhos nos levou para um caminho muito único e que é só nosso. Hoje eu sei, por exemplo, quando cada um deles está triste ou feliz, mas não quer conversar. Mesmo morando em casas separadas, eu sei o que o silêncio da Amanda ou uma mensagem de texto seca querem dizer. E isso não tem preço.

Esse elo e essa relação de confiança que construímos nos permitiram entender que podemos, sim, nos colocar um no lugar do outro, e que, embora eu seja pai e ocupe o papel do adulto que ensina, acolhe e mostra o melhor caminho a ser seguido, não devo ser visto como o julgador ou único dono das verdades da vida.

Os diálogos sem filtro com os meus filhos construíram um mundo só nosso, cheio de empatia, no qual eu me vejo ensinando e aprendendo o tempo todo.

Para manter isso vivo, me permito ter momentos únicos com cada um deles. Seja um passeio simples, seja um filme, um jantar ou até mesmo uma viagem. Cada um é diferente e precisa ter um momento individual. Desses momentos, colecionamos histórias e experiências únicas, e tenho certeza de que eles me veem como alguém melhor, atento e presente.

Pensar o tempo com qualidade, aliás, é algo que tomou uma proporção muito mais relevante e importante na vida de todos nós nesse mundo "pós-pandemia". Vivemos a quarentena, ficamos em casa por mais tempo do que tínhamos vontade e fomos obrigados, de certo modo, a viver de um jeito diferente.

E aí entrou a ideia de tempo de qualidade, ou seja, não importa a quantidade de horas que passamos ao lado das pessoas se essas horas forem vazias ou compartilhadas o tempo todo com cada um no seu celular, fazendo o que bem entende, sem conversa ou troca significativa.

Recentemente, meus filhos mais novos se mudaram com a mãe para Portugal. Num primeiro momento, me vi perdido: como eu faria para não perder o contato com eles? Como faria para me manter presente vivendo no Brasil, com uma distância considerável e com fuso horário diferente?

Aí me lembrei da internet. E tudo *se resolveu*. Com o apoio da Amanda, criamos um grupo no WhatsApp e nos falamos todos os dias por vídeo, continuamos compartilhando as nossas histórias e o nosso dia a dia. É a mesma coisa que a convivência diária? Não, não é. Mas ao menos é um jeito de me manter presente na vida deles, com qualidade.

Tenho na agenda o horário em que falo com eles e me mantenho disciplinado para não desmarcar, para estar ali, atento e presente no nosso momento.

E o grupo existe para que, ali, naquele ambiente virtual, eu possa continuar em contato com os meus filhos. Encontramos um jeito de driblar a distância e a saudade. Esses são os tempos modernos. A facilidade que a tecnologia nos proporciona pode (e deve) ser explorada da melhor maneira possível. Há o lado negativo? Há, sim. Mas um dos aspectos positivos é o encurtamento do tempo e da distância, e isso, para quem vive longe, é um ganho imensurável, um jeito de estar presente mesmo ausente fisicamente.

É muito claro, para mim, que os meus filhos, mesmo sendo filhos de mães diferentes, devem e precisam conviver, opinião que compartilho com a mãe deles. Irmãos devem ser amigos, devem conviver e ter laços. Isso, quando os pais são separados e constituem uma nova família, é de inteira responsabilidade dos adultos. Se o adulto não constrói esse convívio, ele não será criado pelas crianças.

O grupo no WhatsApp é um lugar seguro e confortável para manter todos unidos, mas ele não é e não pode ser o único. O convívio individual, de pai e filho, pai e filha, deve existir. Isso significa, sim, que eu, pai e adulto, sou também responsável por criar ambientes individuais para cada um dos meus filhos. Sou eu que tenho de dar o primeiro passo, eu que tenho de mostrar que estou disposto a conversar com eles, que estou interessado em saber mais sobre a vida deles.

Respeitar a individualidade é também um modo de compartilhar vivências e histórias e de fortalecer a confiança. Numa troca que se constrói no dia a dia, ao permanecer e manter o diálogo ativo, eu estou sempre dizendo, ainda que nas entrelinhas, que estou – e estarei – sempre atento e disposto a ouvir o que os meus filhos têm a dizer.

A CIÊNCIA EXPLICA

Por que é importante compartilhar histórias da minha vida com os meus filhos?
Você já deve ter ouvido o provérbio africano "é preciso uma aldeia para criar uma criança", certo? E não há como negar essa afirmação, já que a tal rede de apoio se faz essencial na educação e no bem-estar de uma criança. Pais, avós, tios, tias, amigos, primos, primas. Todos aqueles com quem podemos contar colaboram de alguma maneira para que toda a demanda exigida por uma criança seja atendida.
À medida que as crianças crescem, a rede de apoio segue ali, à disposição, cuidando e torcendo para que tudo continue dando certo. A ideia de aldeia não desaparece. Mais do que isso, ela ganha força com o crescimento das crianças, que passam a protagonizar suas próprias histórias. Daí a importância de estabelecer um diálogo, uma rede de compartilhamento com seus filhos. A troca entre pais e filhos e toda a rede de apoio proporciona momentos de afeto e diversão entre eles, o que é essencial para

A CIÊNCIA EXPLICA

que se crie o laço de confiança. Assim, segundo a psicóloga Michelli Duje, quando os pais se sentem mais seguros para tomar decisões com relação aos filhos, os filhos também se sentem seguros. É preciso dar o exemplo, pois o valor do que realmente é importante é transmitido por comportamentos, conclui a psicóloga. Compartilhar histórias e experiências é, portanto, mostrar como se faz – e como não se faz também. Não exclua os seus filhos da sua história de vida.

Fonte: Compartilhar experiências ajuda a conviver melhor com filhos. *Marista Lab*, 21 out. 2018. Disponível em: https://maristalab.com.br/infancia/compartilhar-experiencias-ajuda-a-conviver-melhor-com-filhos/.

Meu pai já viveu o que estou vivendo hoje

Compartilhar histórias com o meu pai é bom, mas melhor que contar as minhas próprias histórias é viver novas histórias com ele, é ouvir dele o que ele já viveu. Saber que ele passou pelas mesmas coisas que passo, ou por algo parecido, é ao mesmo tempo reconfortante e divertido. Me faz perceber que não estou sozinha no mundo e não estou maluca por contar para ele o que eu fiz.

Eu sei que ele não gosta de ouvir várias das coisas que conto, porque muitas vezes fica chateado e acaba chamando a minha atenção, mas já aprendi que é melhor ele saber logo de uma vez o que aconteceu e se chatear na hora do que ficar prolongando as coisas.

Quando comecei a namorar, por exemplo, contei pro meu pai no momento exato. Ele ficou com um pouco de ciúme, quis logo conhecer meu namorado na época para saber quem era. Mas, depois de passado o ciúme, ele deu espaço para que eu pudesse compartilhar com ele tudo o que acontecia entre a gente, dos nossos desentendimentos a decepções. Isso fez com que ele passasse a me aconselhar com um olhar mais generoso e sincero, entendendo o meu lado, mas sem deixar de mostrar qual era a opinião dele.

Os silêncios também são maneiras de conversar

Quem me vê falando do meu pai com tanto amor e admiração deve pensar que a gente nunca briga, que eu nunca me decepciono com ele, que ele é perfeito e faz tudo que eu quero e que sempre me diz o que eu quero ouvir, né? Eu gostaria muito de dizer que a nossa vida é esse conto de fadas cheio de finais felizes, mas, infelizmente, a vida real é bem real mesmo e tá cheia de surpresas que nem sempre me agradam. E, claro, nem sempre agradam meu pai também. Já disse, somos seres humanos.

A verdade é que nem sempre eu entendo meu pai e nem sempre ele me entende. Foi preciso, por exemplo, que eu me adaptasse, em alguns momentos, às escolhas do meu pai para que eu pudesse continuar convivendo com ele. Eu mentiria se dissesse aqui que sempre foi lindo e maravilhoso e que, de cara, aceitei as mudanças todas pelas quais passamos. E o mesmo vale para os meus irmãos, nem sempre foi fácil para eles também.

Eu já fiz muita birra, já me opus a fazer um programa que se adequava para todos nós só por *pirraça*, já desmarquei em cima da hora com o meu pai porque eu tinha recebido um convite mais interessante da minha mãe e dos meus primos. E isso, claro, foi difícil para todo mundo. Mas, com o passar do tempo, eu:

1. Aprendi que fazer pirraça só para magoar o meu pai não resolve a questão. Ao contrário, só faz o meu sentimento ficar pior.
2. Entendi que, se eu não falar o que estou sentindo, meu pai, minha mãe, meus irmãos, meus avós, meus amigos, ninguém, enfim, vai saber o que, de fato, está se passando pela minha cabeça.
3. Compreendi que respeitar as minhas vontades e falar abertamente com os meus pais quais são é uma demonstração de respeito a eles também.
4. Percebi que o silêncio também é uma conversa. Essa última é o que mais diz sobre o tipo de diálogo que estabeleci com meu pai.

Não somos perfeitos e continuamos aprendendo um com o outro. A cada dia. Sei que posso contar com o meu pai para o que der e vier, não tenho medo de falar sobre tudo a ele e de dizer tudo que estou sentindo. E, mais importante, também me sinto confortável para falar quando não quero, quando preciso de espaço, de tempo, do meu tempo. E me sinto acolhida e respeitada, porque o meu pai entende isso e espera o meu sinal para me ouvir e saber quando deve retomar o papo.

Não tenha medo de contar as histórias ao seu pai. Ele vai gostar de saber quem você é e vai se sentir à vontade para mostrar quem ele é.

O mundo existe fora da internet

Acredito que, se você era do grupo de pessoas mais analógicas e que pouco acessam a internet, eu já tenha conseguido convencê-lo de que a internet é o presente, o futuro e, em muitos momentos, a nossa salvação. Mas não há só ela no mundo. E ainda bem que todas as outras coisas que não estão na internet existem.

Como médico, tive uma experiência única e intensa durante a pandemia de covid-19. Trabalhei para continuar atendendo os pacientes e me vi auxiliando colegas nos atendimentos relacionados a esse vírus. Então, não posso dizer que me vi preso em casa 24 horas por dia, sete dias por semana, mas sei que essa foi a realidade de muita gente e, portanto, posso afirmar que talvez tenha sido a primeira vez que muita gente se viu em casa, tendo de conviver com a família durante horas seguidas, sem interrupções do mundo externo.

E talvez você tenha repensado seus hábitos e percebido que muita coisa poderia ser diferente na sua vida. Longe de mim ignorar toda a parte ruim e assustadora que a pandemia nos trouxe, mas vale também uma autoanálise para ver que o mundo é muito maior e mais vulnerável do que imaginamos. E, se a internet ganhou o protagonismo nessa crise sanitária, ela também mostrou que há um mundo de possibilidades para além dela.

    Afinal, quantas pessoas não começaram um novo hobby? Quantas pessoas não descobriram o prazer da leitura? Quantas não começaram a cozinhar? Quantas não passaram a fazer reparos em casa e, no fim, repensaram toda a decoração e organização do lar? Quantas coisas você não percebeu ou viu de maneira diferente?

capítulo 6

CAPÍTULO 6

"A longevidade não está apenas atrelada àquilo que comemos ou ao quanto nos exercitamos, mas, sobretudo, ao modo como encaramos os nossos problemas e as adversidades do mundo."

Você acredita em quê?

Antes de começar este capítulo, vale esclarecer que ele não é sobre religião e nem pretende dizer o que é certo e o que é errado. Nosso papo aqui é sobre fé e por que essa palavrinha tão pequena é tão importante no nosso dia a dia. Reforço mais uma vez: não estou falando sobre religião aqui.

Fiz questão de deixar claro que o meu objetivo é falar sobre fé, porque, muitas vezes, a palavra vem atrelada a alguma religião. Embora sejam coisas bem diferentes, é na religião que as pessoas conseguem expressar ou dar vazão à sua fé.

Você já parou para pensar sobre isso?

Você tem fé?

Veja que a minha pergunta quer saber se você tem fé e não qual é a sua religião. Isso é diferente. Eu mesmo passei a maior parte da minha vida sem ter uma única religião para seguir. Os meus pais seguiam, cada qual, uma religião que fazia sentido para eles – o meu pai, católico, e a minha mãe, espírita kardecista –, e, ainda assim, de uma maneira bastante distante, e não cobravam em casa que nós fôssemos também adeptos de uma religião, independentemente de qual fosse.

Cresci dessa maneira, sem uma religião única e exclusiva que pudesse chamar de minha. Mas isso não quer dizer que eu tenha vivido até hoje sem nenhum tipo de fé. Hoje, vou à missa todos os domingos e me casei na Igreja Católica. Mesmo com essa trajetória, sem seguir durante muito tempo uma religião única, sempre me considerei um homem de fé.

E por isso volto a perguntar: você tem fé?

Fé vai além de religião, ultrapassa os dogmas estabelecidos por qualquer uma delas, embora elas só existam e permaneçam vivas porque a fé existe e mantém as pessoas fiéis a elas. Fé, então, é uma demonstração de força maior, inatingível e invisível, que move as pessoas a seguirem acreditando em algo maior do que elas mesmas.

Por exemplo, é possível ter fé em um mundo melhor e, por isso, seguir confiante de que as coisas vão mudar de uma maneira positiva. É algo mais relacionado à energia e à maneira como vislumbramos as situações do que a qualquer demonstração religiosa.

E transmitir essa ideia aos nossos filhos é importante. É claro, se você tem uma religião, a pratica e demonstra a sua fé através dela, leve isso a seus filhos também. Transmitir as ideias de que em alguns momentos o racional foge um pouco do controle, e que nem sempre conseguimos resolver as coisas no momento exato em que queremos, pode se tornar menos complicado se passarmos às crianças as noções de fé, de religião.

Acreditar é saudável

Por inúmeros motivos, você pode até não querer ter uma religião. Inclusive, pode até não ter religião, ser um ateísta. Mas você há de concordar comigo – e com a ciência – que acreditar, ter fé, depositar uma energia positiva em algo que deseja ou quer mudar faz com que o caminho se torne mais leve e mais brando.

Você pode traduzir isso como otimismo. Talvez seja mesmo. E aí está mais um motivo para que você adapte o seu cérebro para viver em constante otimismo, tentando ao máximo enxergar o lado bom das coisas. Uma pesquisa recente feita pela Universidade de Berkeley, nos Estados Unidos, revelou que pessoas otimistas vivem mais.[1] A longevidade não está apenas atrelada àquilo que comemos ou ao quanto nos exercitamos, mas, sobretudo, ao modo como encaramos os nossos problemas e as adversidades do mundo.

Na pesquisa, os mais de 70 mil entrevistados afirmaram que viviam de maneira otimista e seguiam acreditando, em meio à covid-19, por exemplo, que dias melhores viriam e que o mundo sairia melhor dessa situação toda. Mais do que apontar a longa vida dos otimistas, esse estudo mostra que essas pessoas tendem a ter mais confiança em si mesmas e depositam o que for necessário, de maneira objetiva, para alcançar os seus sonhos e, portanto, são mais felizes.

---

1. Quem é otimista, vive mais. *ABRALE*, 5 nov. 2021. Disponível em: https://revista.abrale.org.br/estudos-indicam-que-pessoas-otimistas-vivem-mais/.

A boa notícia é que otimismo e fé são características que podem ser exercitadas. Assim, mesmo que hoje você se considere um pessimista incurável, é possível treinar o seu cérebro para dar espaço para o otimismo entrar na sua vida. Aqui vão alguns exemplos de como fazer isso:

1. Praticando a gratidão e agradecendo por tudo que há de bom na sua vida.
2. Aprendendo a dar espaço para inserir o aspecto positivo de todas as situações que ocorrem na sua vida.
3. Treinando o seu cérebro para afastar os pensamentos ruins cada vez que eles aparecerem, focando, por exemplo, naquilo por que você é grato e que está na sua frente.

Acreditar e olhar as coisas com mais leveza é possível e é um treino que pode ser inserido no seu dia a dia e na vida dos seus filhos. Tente e você não se arrependerá.

as conexões com algo maior

Bom, para ser sincera com todos vocês que estão lendo este livro, se me perguntassem há um ano se eu tinha fé ou se era conectada com a espiritualidade, eu diria que sim, mas na verdade estaria mentindo. Nesses últimos tempos realmente aprendi o poder da fé, o poder de acreditar. Não estou falando sobre religião. Estou falando sobre uma força maior.

Sua conexão com você mesmo e o poder de acreditar. Não somos capazes de controlar as coisas que acontecem no mundo, realmente não podemos. Mas conseguimos controlar como agimos em relação a isso: nosso aprendizado. "Tive uma experiência ruim", ok, mas o que você aprendeu com ela? Que atitudes levaram até ela? "Amanda, mas eu não quero sofrer, eu não quero saber por que isso aconteceu, quero seguir em frente e fingir que não aconteceu", ok, você tem essa opção, mas vou te perguntar de novo: o que você aprendeu com essa atitude? Sabe, temos estas duas escolhas: aprender ou deixar passar, evoluir ou ficar na nossa zona de conforto.

Eu sei que é ruim, mas às vezes é importante chorar, é importante entender, é importante aprender.

Estamos na escola da vida, temos reações, emoções, é assim. É importante agradecer, valorizar tudo isso. Já pensou se não tivesse atendido o telefone e tido aquela conversa que te fez amadurecer, pensar e crescer? Imagina o que teria perdido se não tivesse ido ver aquela pessoa especial naquele dia?

A vida é cheia de oportunidades, porém é cheia de obstáculos também. Por isso, nós devemos sempre estar conectados com nós mesmos e seguir o coração nos momentos mais difíceis da vida. Lógico, a razão é extremamente importante, mas nessas horas precisamos de algo maior.

capítulo 7

CAPÍTULO 7

"Escolher uma profissão, não importa qual seja, é uma das coisas mais difíceis da vida dos adolescentes, porque o tempo que vem depois dessa escolha, ou seja, do ato de decidir o que vão ser pelos próximos vinte anos – mesmo que hoje já saibamos que podemos mudar de ideia e nos reinventarmos algumas vezes ao longo da vida –, é muito maior do que o tempo que eles têm de vida. Então, todo apoio e conversa são fundamentais."

cresci, e agora? o que eu vou ser?

Tá aí uma fase bonita, interessante e difícil da vida: escolher uma profissão. É bonita porque é um período em que tudo é novo, tudo é fresco, a adolescência já está no fim e, aos poucos, parece que tudo começa a se encaixar. O estresse da adolescência fica mais suave e os assuntos a respeito do futuro vão ficando cada vez mais intensos.

O que será que eu vou ser quando crescer?

A pergunta de um milhão de dólares e que, muitas vezes, parece ingênua ao longo de toda a nossa vida ganha um peso definitivo no momento em que colocamos o pé no ensino médio. Como escolher uma profissão, definir o tipo de trabalho que vou querer realizar por boa parte da vida? Parece fácil, simples, mas não é.

Para ajudar, ainda no meio desse processo nada fácil de definir o que vamos ser para o resto da vida – pelo menos, no que diz respeito à faculdade que vamos cursar –, eu vivi a experiência do ensino on-line por todos os dias da quarentena. Fácil não foi.

A pandemia mudou toda a minha rotina: do nada, eu me vi transformada numa pessoa que tinha que assistir às aulas ao vivo pelo computador, estudar, fazer tarefa, ficar em grupos de estudos e ainda fazer prova tudo em casa, sozinha, sem sala de aula. O que aconteceu?

Do nada, com as aulas 100% on-line, ao vivo e com a obrigação de ter que ficar na frente do computador para assistir a elas, o tédio logo bateu. Podem dizer o que for, a experiência da aula on-line, todos os dias, não é mesma coisa. Estar pessoalmente em sala, com os colegas e com os professores, na minha opinião, é muito melhor, mais vantajoso.

Sem sair de casa e naquele formato, eu deixei de me reconhecer. A Amanda atenta, concentrada e interessada em aprender mais, conhecer mais, deu lugar a uma Amanda que eu não reconhecia, que não queria estar na frente do computador, que pouco se interessava pelas aulas e que quase sempre recorria às facilidades do virtual, como espiar uma resposta ou outra no material de estudo na hora da prova ou deixar a câmera desligada.

Foi nesse cenário que a minha ansiedade começou a ganhar força mais uma vez. Tudo havia mudado com a pandemia, mas ao mesmo tempo tudo continuava igual. As matérias eram as mesmas, as cobranças dos professores eram as mesmas, o vestibular batendo na porta era o mesmo. E eu não sabia se eu era a mesma.

Será que eu vou dar conta de tudo?
Eu quero fazer medicina, mas estou me esforçando o suficiente?
Eu vou conseguir aprender com aulas on-line?
Será que vou estudar para sempre no ambiente virtual?
Quando a pandemia acabar, tudo vai voltar a ser como antes?
Eu estou olhando as respostas na hora da prova, isso vai me fazer bem?
Eu vou passar no vestibular?
Será que os meus amigos estão passando pelas mesmas coisas que eu?

Com tanta coisa na cabeça – e, ainda por cima, uma pandemia acontecendo, sem poder sair de casa – e em casa, a ansiedade veio com força.

ansiedade é coisa séria

Assim como disse no capítulo anterior, há pouco mais de um ano eu era uma pessoa que acreditava que fé era algo sem importância. Além disso, também não fazia a menor ideia do que a ansiedade pode causar na nossa vida. E não estou falando daquela ansiedade boa, gostosa, o friozinho na barriga que nos faz querer que algo aconteça rápido. Não. Não é essa ansiedade, essa é boa, saudável.

Eu me refiro à ansiedade generalizada. Algo que foge do nosso controle e nos tira do eixo por algum período, como se perdêssemos o controle do que está acontecendo. Essa ansiedade não é nada boa e não traz nada de benéfico a quem a sente.

Tive a primeira crise de ansiedade quando soube que a minha avó, à qual sou muito ligada, estava com câncer. Ela tinha um tumor e precisava fazer um exame pra saber se o tratamento daria certo. Além disso, meus irmãos tinham acabado de se mudar para Portugal, meus primos haviam se mudado para Fortaleza, pandemia rolando, aula on-line/presencial... meio que tudo me deixou sem saber o que fazer da vida.

Eu simplesmente fiquei mal. Tive uma crise de ansiedade na frente da minha avó, bem no hospital, a ponto de ela ter que me socorrer. Não conseguia respirar, não sabia o que estava acontecendo comigo, meu coração batia acelerado, completamente sem controle, e eu sem saber como fazer para ela passar.

Por sorte – ou por ironia do destino –, eu estava num hospital e fui muito bem atendida por uma enfermeira que logo percebeu o que estava acontecendo. Ela conseguiu me acalmar, focando a minha atenção em outras coisas que não a minha respiração e o meu corpo.

A CIÊNCIA EXPLICA

Quando a ansiedade faz mal?
Nem toda ansiedade é ruim, afinal, sentir um friozinho na barriga, ter expectativa sobre algo que está para acontecer é natural e faz parte da vida de todos nós. Todos, em algum momento da vida, experimentamos esse sentimento e, assim que conquistamos o que tanto esperávamos, o frio na barriga passa. Essa é a ansiedade saudável, que mostra que estamos vivos.
Então, quando é que faz mal?
Segundo o Dr. Drauzio Varella, o transtorno de ansiedade generalizada (TAG) é um

A CIÊNCIA EXPLICA

distúrbio caracterizado pela preocupação excessiva ou expectativa apreensiva persistente e de difícil controle, que perdura por seis meses, no mínimo. Esse comportamento, além de ter uma longa duração, costuma vir acompanhado de inquietação, fadiga, irritabilidade, dificuldade de concentração, tensão muscular e perturbação do sono.
Ou seja, não é nada bom e, portanto, é essencial contar com ajuda médica para conseguir perceber esse estado e tratá-lo.

Fonte: Maria Helena Varella Bruna. Ansiedade (transtorno de ansiedade generalizada). *Drauzio*. Disponível em: https://drauziovarella.uol.com.br/doencas-e-sintomas/ansiedade-transtorno-de-ansiedade-generalizada/.

Até enfrentar isso, eu achava que crise de ansiedade era algo que a pessoa podia controlar, uma coisa passageira. Até viver uma.

Depois disso, comecei a fazer tratamento e terapia e a conseguir controlar a minha ansiedade de uma maneira saudável.

Se você passa por algo assim, procure ajuda e acredite que há uma saída.

a escolha da profissão

Na pandemia, esta era a Amanda: uma adolescente que estava se entendendo consigo mesma, que tinha de aprender a lidar com a distância dos irmãos, com a avó doente e uma profissão para escolher.

A terapia e o apoio da minha família foram fundamentais para mim. Sem eles, acho que ainda estaria tentando me resolver e não teria definido a minha profissão. Por sorte, eles estão comigo. E posso contar que decidi fazer medicina.

Você deve estar achando que essa decisão tem um total de zero surpresa, mas a verdade é que até chegar à medicina eu passei por muitas outras opções, como artes cênicas, publicidade, comunicação. E aí, com terapia e muita conversa, vi que era medicina mesmo o caminho que ia me deixar feliz e satisfeita.

Vou ser médica.

escolhi ser médica

É claro, a decisão pela medicina tem um peso maior por conta de o meu pai ser médico, mas em nenhum momento me senti pressionada por ele a fazer medicina. Eu sempre gostei, desde pequena, de saber mais sobre o trabalho dele.

Ficava curiosa para saber o que era, como era, como resolver e se a pessoa ia morrer ou não.

Essa minha curiosidade, inclusive, me levou a ver de perto um tumor no hospital. Um belo dia, meu pai, sabendo desse meu desejo de ver um tumor para saber como era, me ligou e disse que estava indo me buscar para eu acompanhar a cirurgia de retirada. Eu topei na hora e fiquei lá o tempo todo vendo o trabalho das pessoas, vidrada no que estava acontecendo.

Naquela época, eu ainda não sabia o que queria estudar na faculdade, mas ver de perto esse trabalho aumentou a minha curiosidade por esses assuntos e criou a vontade de continuar estudando para conseguir entender por que os tumores, por exemplo, aparecem em algumas pessoas; isso pode ter colaborado para a escolha da medicina, sim.

Como orientar minha filha na escolha da profissão?

Eis uma tarefa importante na vida dos pais: dar apoio aos filhos e suporte suficiente para que eles mesmos escolham por si o que querem fazer da vida.

Quando eu ouvi da Amanda a decisão de que ela queria ser médica, obviamente fiquei muito feliz e emocionado com a notícia. Mas tive de me segurar para entender se, de fato, era aquilo mesmo ou se ela estava ainda pensando a respeito.

No momento em que entendi, depois de ter feito todas as perguntas a ela a respeito dessa escolha e ter constatado que era isso mesmo, aí, sim, eu me orgulhei mais ainda e fiquei feliz em mostrar a ela que o caminho seria longo e cheio de exigências, mas que valeria a pena se estivesse mesmo fazendo aquilo por amor e vontade própria.

Escolher uma profissão, não importa qual seja, é uma das coisas mais difíceis da vida dos adolescentes, porque o tempo que vem depois dessa escolha, ou seja, do ato de decidir o que vão ser pelos próximos vinte anos – mesmo que hoje já saibamos que podemos mudar de ideia e nos reinventarmos algumas vezes ao longo da vida –, é muito maior do que o tempo que eles têm de vida.

Então, todo apoio e conversa são fundamentais.

Nota é mesmo a coisa mais importante do mundo?

Se escolher algo tão impactante na vida parece assustar as crianças, para os adultos também não deixa de ser. Afinal, para que o caminho a ser trilhado da escola à faculdade seja *menos* complicado, a presença do adulto, exercendo o papel de ajudar e colaborar, é primordial. As crianças têm o direito de estudar e, portanto, devem estar na escola e ter os estudos como sua principal atividade. Sabemos que no Brasil a coisa não funciona bem assim, infelizmente.

Então, partindo de um lugar de extremo privilégio, a Amanda, assim como meus outros filhos e a minha enteada, tem como único foco a escola, os cursos e os livros. Em outras palavras, a única coisa que precisam fazer da vida é estudar e fazer os cursos que nós, adultos, decidimos e/ou os autorizamos a cursar.

E como estar presente e exigir um resultado sem que isso se torne um peso desmedido para a criança?

As notas são importantes, mas será que são a coisa mais primordial do mundo? Será que a criança que só tira dez está mesmo aprendendo?

Essas perguntas têm as mais variadas respostas e todas elas estão corretas, porque o que vale mesmo, no fim das contas, é conhecer o seu filho, estar presente e disposto a entender as dificuldades dele e a comemorar os acertos.

Somos responsáveis não só por proporcionar uma educação de qualidade, mas também por mostrar o mundo como ele é, ampliar o repertório das crianças, enriquecer a cultura de nossos filhos e o conhecimento para além da sala de aula e do que eles estudam.

Passeio também é cultura. Leve sua filha para dar uma volta, converse sobre o que os rodeia, amplie a visão de mundo dela.

Proporcionar conhecimento e um ambiente de estudo agradável e tranquilo é um privilégio e, por isso, devemos tratar esse assunto com a maior seriedade do mundo. Leve a sério as dúvidas dos seus filhos, converse sem medo com eles.

Paute-se pelo respeito e dê espaço para que eles comecem os questionamentos e demonstrem interesses pelas múltiplas profissões. E, caso você sinta necessidade de um apoio maior, conte com a ajuda de profissionais, psicólogos especializados em orientar os adolescentes a descobrirem as áreas em que têm mais facilidade. O chamado teste vocacional, por exemplo, pode ajudar a definir a profissão.

Dê tempo ao tempo e sempre forneça as informações corretas e necessárias para que seu filho se sinta seguro para tomar a decisão que achar melhor para o próprio futuro.

CAPÍTULO 8

CAPÍTULO 8

"A saudade bate, sim. E, em alguns momentos, acontece de eu querer ficar com a minha mãe e não ir para a casa do meu pai por qualquer motivo. O que a gente costuma fazer é conversar, falar a verdade e alinhar as expectativas."

Como lidar com a saudade?

Saudade virou um tema quente na pandemia. Se não estivéssemos na mesma casa que outras pessoas que amamos, tínhamos de nos adaptar, por um tempo pelo menos, a conviver com a distância física. Mas a verdade é que essa é uma questão antiga na minha vida e na dos meus filhos.

Não posso dizer que me acostumei 100% com a saudade, mas me adaptei às distâncias. Viver em casas separadas, quando os casais decidem terminar um relacionamento, é a parte em que a mudança na vida das crianças mais transparece. Naturalmente, com a separação, de uma única casa elas passam a ter duas. Passam dias com o pai, dias com a mãe, têm um quarto na casa de um, outro na casa de outro... Mas, com o tempo, todo mundo se adapta e aprende a conviver com a saudade.

O tempo é precioso e, por isso, tempo com qualidade vale mais do que tempo de sobra.

Então, quando chegou a pandemia, nós já convivíamos com a distância e o tempo. O que fizemos foi melhorar a nossa comunicação on-line, entender a importância do vídeo e dominar com mais habilidade a ideia de que tempo com qualidade é preciso na vida das pessoas.

a distância que nos aproxima

A saudade bate, sim. E, em alguns momentos, acontece de eu querer ficar com a minha mãe e não ir para a casa do meu pai por qualquer motivo. O que a gente costuma fazer é conversar, falar a verdade e alinhar as expectativas.

A distância vira parte da nossa rotina e a gente aprende a lidar com ela. Sem contar que a tecnologia salva nessas horas: telefone, WhatsApp, vídeo, Zoom, Teams. Na hora em que bate a saudade, mas a distância reina, vale tudo.

Acho que isso me fez aprender que o tempo é mesmo algo valioso e que as coisas precisam ser resolvidas quando acontecem. Não existe depois nem mais tarde, o que importa é o agora.

Aprender a resolver o que incomoda e conversar sobre os mais variados assuntos e as coisas mais aleatórias são as bases da minha relação com o meu pai. A gente entra em conflito às vezes porque ele é meu pai, mas a gente aprendeu a se respeitar e a resolver o que precisa ser resolvido. Pra mim, isso é a melhor coisa da minha história com ele: nos amamos, nos respeitamos e sabemos o espaço um do outro.

capítulo 9

CAPÍTULO 9

"Falar. Comunicar. Dizer exatamente o que sente. Expor as ideias. Argumentar. Responder ao que é perguntado. Levantar questionamentos. Compartilhar histórias. Criar memórias. Cultivar relacionamentos. Respeitar os silêncios. Entender o outro. Ouvir. Contar. Demonstrar interesse. Estar presente. Respirar."

Educar é um ato de amor

Se ninguém fala, ninguém fica sabendo é mais do que o título deste livro. Sem saber, essa frase tem sido uma das bases na relação que decidi construir com os meus filhos a partir do momento em que me descobri pai. A comunicação constante que mantenho com a Amanda, e que mostrei um pouco aqui neste livro, tem como base esse princípio.

Falar. Comunicar. Dizer exatamente o que sente. Expor as ideias. Argumentar. Responder ao que é perguntado. Levantar questionamentos. Compartilhar histórias. Criar memórias. Cultivar relacionamentos. Respeitar os silêncios. Entender o outro. Ouvir. Contar. Demonstrar interesse. Estar presente. Respirar.

A lista de verbos que guiam a comunicação com a minha família é imensa e segue a ideia de que precisamos nos falar, mostrar o que pensamos para que, juntos, possamos manter a nossa relação. Se eu não falo, ela não fica sabendo. Se ela não fala, idem.

E, se os silêncios são mais constantes dos que as falas, sobretudo da minha parte, como faço para participar da vida dela?

Não participo, apenas. E não participar, definitivamente, não é o melhor caminho. Uma pesquisa recentemente publicada pelos Centros de Controle e Prevenção de Doenças (CDC) dos EUA mostra que houve aumento significativo de relatos de estudantes do ensino médio com sentimentos persistentes de tristeza e desesperança durante a pandemia de covid-19, os quais chegaram não só a pensar como também a tentar o suicídio. Ainda durante a pandemia, mais de um terço dos jovens dos Estados Unidos (37%) teve problemas de saúde mental e mais de dois em cada cinco alunos (44%) relataram sentir tristeza persistente que os levou a deixar de praticar atividades habituais. Além disso, um em cada cinco considerou suicídio e 10% tentaram pôr fim à própria vida.[1]

No Brasil, os dados são igualmente pessimistas, mostrando que 22% dos jovens entre 15 e 25 anos tiveram sentimento de tristeza persistente ou perderam o ânimo de fazer aquilo a que estavam habituados durante a pandemia. Mais alarmante ainda é o dado apontado pela Unicef de que o suicídio é uma das principais causas de morte de adolescentes ao redor do mundo, segundo levantamento desse mesmo órgão.[2]

---

1. Deidre McPhillips. Saúde mental de alunos do ensino médio nos EUA piorou durante a pandemia, diz CDC. *CNN*, 31 mar. 2022. Disponível em: https://www.cnnbrasil.com.br/saude/saude-mental-de-alunos-do-ensino-medio-nos-eua-piorou-durante-a-pandemia-diz-cdc/.
2. Fabiana Schiavon. Saúde mental de crianças e adolescentes piorou na pandemia, alerta Unicef. *Veja Saúde*, 13 out. 2021. Disponível em: https://saude.abril.com.br/mente-saudavel/saude-mental-de-criancas-e-adolescentes-piorou-na-pandemia-alerta-unicef/.

A situação é pessimista e a afirmação "não é fácil ser adolescente" nunca fez tanto sentido. Ficar parado diante de tal cenário não é uma opção. Então, o que fazer?

CONVERSAR. OUVIR SEM JULGAMENTO. ABRIR ESPAÇO PARA QUE OS JOVENS FALEM ABERTAMENTE SOBRE O QUE SENTEM.

Deixo em destaque para que você não se esqueça. Esse é um pedido meu, pai de dois adolescentes e de dois futuros adolescentes, mas também médico, atento à saúde e ao bem-estar das pessoas. E é também a recomendação da Unicef.

É urgente conversar com o seu filho, saber o que se passa na cabeça dele, acolher os sentimentos dele, demonstrar empatia, interesse. Por isso, lembre-se:

1. Empatia é conseguir se colocar no lugar do outro. Isso não significa resolver o problema, mas sim acolher e ouvir sem julgar e, se possível, mostrar um caminho a ser seguido.
2. Conversar é também ouvir. Ouça o que o seu filho tem a dizer.

3. Dizer não e justificar a sua resposta faz parte do crescimento de todos. Um dia seu filho o entenderá.
4. Não tenha medo de compartilhar as suas histórias. Isso faz parte da comunicação.
5. Você não é – e não precisa ser – perfeito. Você vai errar. Acolha o seu erro, perdoe-se, mas não deixe de conversar com o seu filho por conta de um erro ou arrependimento seu.
6. Se você não fala, ninguém fica sabendo. Dê o primeiro passo para que o seu filho se sinta seguro para falar com você sobre o que ele quiser.

eu amo o meu pai

Eu amo o meu pai mesmo quando a gente briga.

Eu amo o meu pai mesmo quando ele me diz o que eu não quero ouvir.

Eu amo o meu pai porque ele me faz rir.

Eu amo o meu pai porque ele me ouve e não me julga.

Eu amo o meu pai porque ele me apoia nas decisões mais malucas da vida.

Eu amo o meu pai porque ele confia em mim.

Eu amo o meu pai porque sei que posso confiar nele.

Eu amo o meu pai porque ele me respeita.

Eu amo o meu pai porque ele me diz o que preciso ouvir.

Eu amo o meu pai porque ele me diz o que eu não quero ouvir, mas preciso.

Eu amo o meu pai porque ele me acolhe quando faço escolhas erradas.

Eu amo o meu pai porque ele me oferece ajuda quando não sei que caminho seguir.

Eu amo o meu pai porque ele me dá espaço.

Eu amo o meu pai porque ele me consola quando eu estou triste.

Eu amo o meu pai porque ele é meu exemplo sem ser imposição.

Eu amo o meu pai porque ele é meu amigo.

Eu amo o meu pai porque ele é meu pai.

Este livro é só um pedacinho do monte de conversas que tenho com o meu pai. Tê-lo como um ombro amigo e um ouvido atento é parte de mim e sou grata por isso, por esse espaço e por tudo que seguimos construindo. Que o seu pai seja também o seu amor e o seu espaço de acolhimento, carinho e respeito.

AGRADECIMENTOS

Agradeço à diretora editorial Antonella Bonamici, uma profissional dedicada com quem foi gratificante colaborar.

Gostaria de mencionar minha família: com minha esposa Elena, enfrento o caminho com alegria e cumplicidade; o alvoroço alegre dos meus filhos Davi e Simão é o pano de fundo que transmite bom humor e que fez sorrir até o papa ao telefone.

E sou infinitamente grato ao Papa Francisco por sua confiança.

D. A.

Acreditamos
nos livros

Este livro foi composto em Adobe Garamond Pro e impresso pela Gráfica Santa Marta para a Editora Planeta do Brasil em maio de 2021.